世界上最成功的妈妈

斯特娜夫人的早教神话

[美] 维妮弗里德·斯特娜◎著　亚 北◎译

新星出版社 NEW STAR PRESS

图书在版编目（CIP）数据

世界上最成功的妈妈：斯特娜夫人的早教神话 /（美）斯特娜(Stoner, W.) 著；亚北译．
—北京：新星出版社，2011.6

ISBN 978-7-5133-0239-5

Ⅰ. ①世…　Ⅱ．①斯…②亚…　Ⅲ．①早期教育：家庭教育　Ⅳ．① G78

中国版本图书馆 CIP 数据核字 (2011) 第 077445 号

世界上最成功的妈妈：斯特娜夫人的早教神话

(美) 维妮弗里德 · 斯特娜　著

亚　北　译

策　　划：闫　超
责任编辑：王楷威
责任印制：韦　舰
装帧设计：汝果儿

出版发行：新星出版社
出 版 人：谢　刚
社　　址：北京市西城区车公庄大街丙 3 号楼　100044
网　　址：www.newstarpress.com
电　　话：010-88310888
传　　真：010-88310899
法律顾问：北京市大成律师事务所

读者服务：010-88310800　service@newstarpress.com
邮购地址：北京市西城区车公庄大街丙 3 号楼　100044

印　　刷：北京佳顺印务有限公司
开　　本：880 × 1230　1/32
印　　张：9.5
字　　数：171 千字
版　　次：2011 年 6 月第一版　2011 年 6 月第一次印刷
书　　号：ISBN 978-7-5133-0239-5
定　　价：32.00 元

女儿的成功，使我举世闻名（代自序）

1907年，纽约召开了全美世界语大会。会上，我5岁的女儿维妮弗里德用世界语和著名语言学家马库罗斯基教授作了会话表演，引起了人们的赞叹。维妮弗里德的语言能力使马库罗斯基教授大为惊讶，他问我是怎样教育女儿的。在我向他介绍了我的教育理念后，马库罗斯基教授当即鼓励我把这一切写下来，以使更多的孩子受益。尽管我也有这样的想法，但由于女儿当时才5岁，还不能充分证明我的教育方法是成功的，因而写书的事就没有急于进行。后来，随着维妮弗里德渐渐长大，她在各方面取得的成就越来越突出，这时我已经可以肯定自己的教育方法不仅正确，而且富于独特性。1914年，我在威斯康辛大学教育学教授奥谢博士的劝说下，开始了这本书的写作。

介绍我的教育方法和女儿维妮弗里德的成长之前，我必须提到老卡尔·维特博士，可以说，是他的教育思想从根本上影响了我的教育理念。

上大学的时候，我有幸读到了《卡尔·威特的教育》这本书，书中的教育观念和方法使我深感震惊，其中关于早期教育的精辟见解更是令我叹服，而他对儿子小卡尔·维特教育的成功也是大多数人无法企及的。在读这本书的时候，我就萌生了一个愿望：以后我有了孩子，一定要用这样的方法去教育孩子。如今的事实再次证明了这种教育思想的正确性，可以说，我对女儿的成功教育，在很多方面受了这本书的启发。不过，由于卡尔·维特与我们相隔了一个世纪，当时的社会状况与现在有很大的区别，我在对女儿的教育上运用了很多新的理念，因而两者又有一些不同之处。

维妮弗里德3岁的时候就开始写诗歌和散文，4岁时能用世界语创作剧本，到了5岁，她的诗歌和散文开始发表在各种报刊上，其中一部分已结集出版，颇受读者好评。事实上，她在5岁时已能够熟练地运用8个国家的语言，并能把各种语言翻译成世界语。斯坦福大学的罗曼斯语教授加勒德博士，对维妮弗里德翻译的一本歌谣集有过这样的评价："把这本歌谣集译得如此优美，只有语言学家兼诗人才能做到，而我听说译者是个年仅5岁的女孩，真是令人难以置信。"不仅如此，维妮弗里德在其他的方面，如数学、物理、体育、人品等都优于其他同龄的孩子。

有人说，维妮弗里德的成就完全源于她的天赋。我认为这种看法是错误的，因为这不仅否定了我的教育理论，也否定了人类教育事业的价值。

我要在这本书中详细地记述维妮弗里德的成长经历，并尽力阐明我的教育理念。我打算以活生生的事例来说明问题，而不是枯燥的论证。因为要证明某种事情的真实性与合理性，最好的办法莫过于陈述事实。

我希望这本书能够对孩子们和那些对他们寄予殷切期望的父母有所帮助。我希望读者们知道，我的成名，是因为培养了一个出类拔萃的女儿。

斯特娜

1914 年 12 月

目录

母亲的责任不仅是把孩子带到这个世界上来，更重要的是培养孩子。孩子的教育必须由母亲来承担，而不能委托给别人去做。只有人类才会把自己的孩子委托给别人教育，动物决不会这样做。可以说，罗马帝国之所以灭亡，在很大程度上是由于罗马的母亲们把教育孩子的重任委托给了别人。

对孩子来说，进食既不应是一种奖赏，也不应是一种义务，我从不用食物去贿赂维妮弗里德，也不用不准她吃来惩罚她。我认为根本没有必要浪费那么多时间和精力，把食物当成奖励、惩罚或威胁的工具，用来管教孩子。对于女儿，我从不把管教和食物联系在一起。

大胡子比利告诉我，他见过很多孩子，但从来没有见过观察力和记忆力这么好的孩子。他还问我女儿是否天生就有这种能力。我给他讲了我对女儿的训练方法后，大胡子比利很惊讶，决定把这种训练法运用到他对儿童的教育上，并向他的同行们推广。

在我周围，常常可以听到那些可爱的孩子说出错误的语言：他们把猫叫“喵喵”，把狗叫“汪汪”。可想而知，这些话在他们长大之后是完全用不上的。他们幼年时期的宝贵生命被这种错误语言包围着，如果把这些浪费掉的时间和精力用来学习标准的语言，他们不是能学到更多更好的东西吗？

第五章 让孩子用游戏的方式去学习……… 74

维妮弗里德之所以那么热爱学习，完全是因为这种学习太有趣了，她从中感到了快乐。从这一点来看，我可以断定女儿将来会有一个美好的未来。

第六章 孩子的想象力是父母最大的财富… 90

对于人来说，没有比快乐和幸福更重要的了，而这种勇于面对痛苦并且在逆境中寻找快乐的品质就是坚强。女儿在5岁时就已经懂得了这个道理，用她的话说，一个既坚强又有想象力的人，才是一个幸福的人。

无论好习惯还是坏习惯都不是天生的，而是在生活中一点一点地养成的。在使孩子养成好习惯的问题上，父母应该耐心细致地给孩子以正确的引导。

第八章　尊重孩子，孩子才会尊重你………135

如果父母说话不算数，孩子就会失去对父母的信任感。试想，孩子怎么可能尊重一个不值得信任的人呢？要知道，我们面对的不是一个可以随便摆布的玩具，而是一个有着复杂感情的活生生的人。

很多父母都知道应该为孩子的未来着想，往往只看重孩子的成就，而忘了最重要的方面，那就是孩子的幸福。一个完全丧失了童趣的人，是非常乏味的人，无论他在事业上取得了什么样的成就，都很难获得真正的快乐。

一些父母在对孩子进行早期教育时，只注

意孩子的智力和爱好的发展，重视拓宽孩子的知识面和学习某种技能，而忽略了诸如责任心等重要品质的培养。这种做法是十分错误的。

拿孩子与别人比较是有害的，每一个孩子都有自己的独特性，因此每一个孩子都应该从自己的实际基础上发展，而不是做别人的复制品，这样才能以独立的自我和充分的自信去面对生活。

鼓励和赞扬孩子应该针对孩子的行为，而不应该把孩子本身的好坏与所做的事情联系起来，更不能把自己对孩子的爱与这件事连系起来。

父母们总是用教训的口气、哄的口气、引诱的口气和孩子说话。这样怎么能与孩子平等地交谈呢？即使孩子表示愿意合作，也不是发自内心的。这种方式，不可能使孩子完全信任父母，也不可能让孩子说出自己的心里话。

第一章　好妈妈胜过好老师

母亲的责任不仅是把孩子带到这个世界上来，更重要的是培养孩子。孩子的教育必须由母亲来承担，而不能委托给别人去做。只有人类才会把自己的孩子委托给别人教育，动物决不会这样做。可以说，罗马帝国之所以灭亡，在很大程度上是由于罗马的母亲们把教育孩子的重任委托给了别人。

1.再称职的保姆也取代不了母亲

我在读那些伟人的传记或回忆录时，常常忍不住再三叹息。因为在伟人们的后代身上，往往会出现一种令人感到悲哀的现象：伟人的孩子往往没有多大作为，他们的成就远远不及他们的父辈。这是为什么？按照遗传法则，伟人的孩子应该具有同样出色的先天素质，那么，为什么伟人的孩子却大都很平庸呢？这无非是伟人过分执著于自己的事业，而忽略了妻儿所致。

作为一个母亲，我从自身的经历来看，孩子能否成为杰出人物，完全取决于母亲施行了什么样的教育。

很多母亲其实不懂得怎样教育孩子。因此，社会应该使用各种手段对母亲们普及育儿知识，尽管这已经是一种“亡羊补牢”了。甚至从少女时代开始，就有必要维护她们的身心健康，使她们具有健康的体魄和纯洁的精神，做好成为一个合格母亲的准备。因为母亲的身体健康和道德修养，远比数学和天文学知识更为重要。当然，研究天文学和物理学也是有意义的，但相比之下，如何养育优秀后代的知识更为重要。

许多母亲对胎教的重要性缺乏认识。在孩子出生之前，她们认为最好让一切顺其自然，其实，这是一种十分错误的观点。

生理学家们认为，胎儿的健康在很大程度上取决于母亲的食物。因此，为了生出一个健康的婴儿，母亲应当加强自己的营养学知识。任何一个母亲都不会让婴儿饮酒、抽烟、吃难以消化的东西，但许多母亲却在妊娠期间吃这些东西，同时也就传给了自己的胎儿。

我怀孕的时候，为了让未出世的宝宝将来具有爱美、爱正义、爱真理的精神和善良的品质，我特别注意读有益的书，想美好的事，听那些能让心情平静的音乐，和丈夫一起出去欣赏美丽的自然风光和艺术作品，并且常常行善事。我确信，只有这样，我的身心才能始终处于良好的状态中，才有可能生出一个健康、出众的孩子。

然而，仅仅生一个健康的孩子是没有什么意义的，应该把这种健康变成孩子一生的财富，重要的是把孩子精心培育成人。

母亲曾经告诉过我，女人不生孩子就无法真正体会到生活的幸福和价值。不过她也让我牢记，做母亲必然会遇到许多意想不到的困难。如果没有准备好战胜这些困难，最好不要生孩子。因为母亲在倾心教育孩子的同时，还要照顾好丈夫。如果不能照顾好丈夫，他就会另寻新欢，家庭将会失去平静。因此，做母亲并不是一件轻松的事。即将成为母亲的女人必须清楚地意识到自己面对的困难，并且有勇气战胜这些困难。这也是成为一位合格母亲的先决条件。

我们周围的多数母亲会雇人教育孩子。我始终认为，这样的女人不能称之为母亲。母亲的责任不仅是把孩子带到这个世界上来，更重要的是培养孩子。孩子的教育必须由母亲来承担，而不能委托给别人去做。只有人类才会把自己的孩子委托给别人教育，动物决不会这样做。可以说，罗马帝国之所以灭亡，在很大程度上是由于罗马的母亲们把教育孩子的重任委托给了别人。

我们甚至不愿意雇用不称职的马夫，但有的母亲却把孩子交给毫无知识的保姆。这样的保姆只会一天到晚对孩子说不许这样，不许那样，因为这样做最省事。

在维妮弗里德出生之前，我曾经拜访过我的女友安娜。安娜已经是一个 3 岁男孩的母亲，我以为她一定有丰富的育儿经验。但是，我见了她的儿子后，顿时大失所望，差点失去做母亲的信心。她的儿子总是沉默无语，郁郁寡欢，这让我很奇怪，3 岁的孩子本应非常快乐活泼的，而眼前这个孩子却完全不是这样。

我后来才了解到，安娜一开始就把儿子交给保姆喂养。而那个保姆既没有文化，也没有教养，为了使孩子乖乖地待着，不捣乱，就经常给他讲一些恐怖的故事。保姆常常这样吓唬孩子："如果你再吵，魔鬼就会来把你抓走。"而且她还经常扮鬼脸吓唬孩子。天啊！选这样的保姆怎么能带好孩子？知道这些事后，我不留情面地责备了安娜，因为她作为一个母亲，实在太不负责了，我还极力劝说安娜辞掉那个保姆。

简单地把孩子交给别人，不但不能使孩子的能力得到发展，反而会使它萎缩。另外，孩子会从保姆那里学到各种不良习惯。当然，家境比较富裕的母亲，照料孩子不一定事事都亲自动手，把部分工作交给保姆是可以的，但一定要谨慎。即便如此，对孩子的养育主要还是应该由母亲来承担，甚至小到吃饭、洗澡和穿衣服这样的事。

我认为母亲和保姆的性格十分重要，甚至她们的表情都会影响到孩子。所以，要挑选性格开朗、爱笑的妇女来做保姆，母亲也应该尽可能表现出对生活的热情。

在我可爱的小天使降生之前，我就尽我所能地把居住环境布置得温馨漂亮。一方面，可以使我总是生活在欢快、清新的气氛之中；另一方面，我希望小宝宝一出生就能见到世界美好的一面。我想，如果女儿在美的环境中成长，那么她就会常常受到美的熏陶。在怀孕期间，我常常想象世上的一切美好事物，这几乎成了我的一种习惯。我认为这种情绪能在不知不觉中影响到未出生的孩子。因为想象所带来的美好感觉能使人心情愉快，从而使人变得更加美丽。我精心所做的这一切，都是为了尽早开发孩子对美的感受能力。现在，每当有将为人母的妇女向我请教养育孩子的诀窍时，我首先就会给她们介绍这个经验。

我为维妮弗里德挑选了家中最好的房间。这里空气清新，阳光充足，墙壁是让眼睛最舒服那种暗色，孩子也容易适应这种色调，床、床单和被子都是洁白的。我为她准备了又软又轻的被子和毛毯，这能让她感到轻松和舒适，我还在墙壁上挂了各种名画的临摹品，甚至连壁炉和桌子上都摆放着那些著名雕刻的复制品，这些东西既便宜又精致，都是很美的艺术品。我要让孩子每天一睁开眼就能看见美的东西，不仅让她感受到世界的美好，还在无形中培养她的对美的鉴赏力。

无论是在生活中还是在书本中，我们都可以看到母亲对孩子的教育有多么重要。我认为，所有的人都应该是教育者，至少所有的母亲应该是教育者，最早对孩子进行教育的，不应该是学校和教师，而应该是家里的母亲。孩子上学以后，母亲和教师必须互相配合，一起对孩子进行教育。

近年来，庸俗和低级趣味的东西越来越流行，美正离这个世界越来越远，有时候我真为此感到痛心。那些愚蠢的父母，尤其是母亲，没有意识到自己愈来愈低级的趣味正在潜移默化地毒害着自己的孩子。为了使下一代成为优秀而高尚的人，我要劝告年轻的母亲们，为了孩子，应该立即从家庭开始，先培养自己的高尚情操。

弗卢培尔曾说过:“人类的命运，与其说是掌握在当权者手中，不如说是掌握在母亲手中。因此，我们应该努力启发母亲——人类的教育者。”但遗憾的是，真正理解这句话的人很少。决定人类命运的是母亲的教育，可我每天都从报纸和电台的新闻中了解到，无数堕落的母亲正在亲手把自己的子女送进监狱和教养所。

2.孩子是父母的影子

有的父母总是向孩子提出各种各样的要求，命令孩子必须这样，不许那样，却不肯先从自己做起。这样的父母是不可能教育好孩子的。在教育孩子的艰辛道路上，我深刻认识到一个道理：孩子是父母的影子。他们一切善与恶的品行都是从父母那儿学来的。尤其是母亲，在孩子的心目中，母亲是最慈爱、最可亲的人。但我身边的许多父母并不注意这些，尽管他们无意中对孩子产生的坏影响都不是出于本意，但事实毕竟是事实，没有把孩子引向好的一面就是失败。

有的母亲喜欢穿奇装异服，以至于成为别人的笑柄；有的则懒于梳妆，衣冠不整，也同样为人耻笑。当孩子看到自己的母亲被别的孩子嘲笑时，就会感到非常难堪。不仅如此，这种事情还会在精神上给孩子带来很坏的影响。

我认识一位母亲，非常疼爱自己的女儿。她自己不舍得花钱，却让女儿穿上华贵的服装，把她打扮得花枝招展，有些服装甚至与女儿的年龄极不相称。尽管她花了那么多心血，女儿却一点也不喜欢自己的母亲。

有一次，在我家里，这个女孩告诉我：“我妈妈穿得花里胡哨到学校去接我，让我觉得特别难堪。更讨厌的是，她把我也打扮成那副模样，同学们常常在背后笑话我。我从 4 岁起，就因为妈妈这样的行为感到难为情。”

也许有人指责这个女孩忘恩负义，但我很理解她。尽管这位母亲把女儿送到贵族气十足的女子学校去上学，但我还是认为她没有尽到母亲最起码的责任。

一位母亲做任何事都必须检点，在孩子心目中，既不应过于随便，也不要太注重打扮。否则母亲的威信就会下降，而教育孩子的失败正是从这种状况开始的。

没有人喜欢听别人发号施令，无论孩子还是大人，都是如此。我在教育女儿维妮弗里德时，从不对她说不许这样，不许那样，而总是采取一种巧妙的方式，要她做什么，她就会自觉地去做；不准她做什么，她也会自觉地不做。强迫孩子学习是没有用的，这种做法往往会适得其反，尽管一切都是出自母亲的好意，但最后只能是事与愿违。与其命令孩子学习，不如引导他们正确地看待学习。

我的女友劳拉经常陷入某种不理智的情绪之中。她不时向我诉说苦恼：她对女儿珍妮的教育不但没有取得好的效果，反而使母女俩都陷入了互相对抗的痛苦之中。

劳拉做了好几个月的努力，想帮女儿珍妮规范学习时间。珍妮虽然已经上学了，但对自己的学习时间仍然毫无计划，最让劳拉头疼的是，珍妮总是花很多时间和小伙伴一起聚会，玩游戏，以致常常不能按时完成规定的学习计划，因此不能按时睡觉。这样一来，早晨起床就成了一件烦人的事。劳拉为此费了很多口舌，一有空就找女儿谈话，向她指出贪玩的坏处和睡眠不足对身体、学习的危害等等。这样的谈话一多，女儿都能背诵出来了。劳拉只要一开口，女儿就能学着她的样子说出后面的话，“是啊，贪玩会浪费时间……”“没错，睡眠不足会影响身体发育，还会形成恶性循环……”这样说着，还做出一本正经的样子，让妈妈不知如何是好。劳拉为她规定了玩游戏的时间，并要求她放学后先做作业。两个人较量了多次之后，女儿慢慢学会了控制自己，适应了有计划的生活。

劳拉总算松了口气，由于她近日有些重要的事情要办，就雇了一个女管家，在珍妮放学后陪伴她。渐渐地，珍妮又不按时睡觉了，而且放学后总要在外面逗留很久才回家。劳拉警告她一下，她就有所收敛。有一天，劳拉提前回到家，发现珍妮又在房间里玩她的玩具，而没有先做完功课。

“珍妮！”劳拉吼了一声，瞪着女儿。

女儿赶紧把玩具藏了起来，很勉强地笑了笑，然后故作镇静地说：“我做了一个小时的作业，刚坐下来休息一会儿。”

女管家也帮着她说：“是的，她刚坐下，讲好了只玩 20 分钟的。”

劳拉一时间说不出话来，只感到胸口的气压在不断上升，心里只想着这么长时间的教育和监督都没能改掉女儿贪玩的坏习惯。女儿明明知道这些道理，却还是这样没有自制力，长大了会变成什么样？为什么自己的女儿这样没出息？劳拉想到了女儿的同学罗伦娜，那是一个多么可爱的孩子，自觉、开朗、活泼、成绩优秀、人见人爱，据罗伦娜的母亲说，她并未为女儿费什么心。

这些想法在劳拉脑海中纠缠在一起，就像滚雪球一样越来越沉重，她真想痛哭一场来发泄心中的郁闷和气愤。

“珍妮，你太让我伤心了，你怎么能这样对待妈妈？你知不知道这样做将来会有什么结果？你不用解释，听我说。”看见女儿似乎要辩解，劳拉急忙示意她闭嘴。“我不想听任何解释，我失望极了，你难道不知道我这样做都是为了你好？”

“那你别管我好了。”珍妮回了一句。

“你说什么？”妈妈的眼睛瞪圆了，声音突然高了八度。

现在珍妮的眼睛里开始有了恐惧，她在寻求退路。

“不管你？我当然得管，这是我的责任。回你的房间去想一想，还有……”她突然想起珍妮这个周末要和几个伙伴到同学家过夜。“还有这个周末不准去凯瑟琳家过夜！”

“为什么？”珍妮叫道，愤怒和绝望使她的五官扭曲了，“我要去，偏要去，你是个坏妈妈！”

看着女儿愤怒得发狂的样子，劳拉也有些不安了。她知道这孩子是多么期盼这个能与小伙伴一起过夜的机会。但她的愤怒和自尊都不允许她收回这个“命令”。

“是你自己取消了这个机会。”

“为什么？这和玩有什么关系？我偏要去，看你怎么办！”女儿暴怒道，她那困兽似的绝望表情是劳拉最不愿意看到的。

“你马上闭嘴，不然我要发火了。”

“你已经发火了，我就是要这样，怎么样？”

“啪、啪！”劳拉怒从心起，在女儿背上狠狠地拍了两下。

“呜！”女儿放声大哭，冲进自己的房间，“咣”的一声把门关上。

两巴掌打完，劳拉的气消了，随之而来的却是强烈的内疚，有一种被打败的感觉。这时，始终在一旁看着的女管家向她告辞，并对她说：“劳拉，她这几天都没有贪玩，今天确实是先做了一些作业，才求我让她玩一会儿的，我觉得她是很在乎你的要求的。”

我不想在这里讨论劳拉惩罚女儿的对与错，我要谈的是劳拉在看到女儿违反她规定时的心理活动。看到女儿趁自己不在时玩玩具，劳拉首先想到的是自己做了那么多工作，女儿仍然不顾妈妈的要求，做母亲的辛苦和委屈突然都涌了出来。加上想到睡眠不足对女儿身体的危害，女儿过去不听话的事情也一幕幕在脑海中出现了。

我认为，像劳拉这种把不快和忧虑全都带进当前事情中的思维方式，是极不明智的。因为她把母女间的对立提升到了不成比例的高度，而过度的愤怒自然会干扰劳拉对事情的判断力。在怒火的干扰下，劳拉放弃了任何力求客观、冷静处理问题的努力，甚至忘记了管教女儿到底是为了什么，只顾发泄胸中的怒气，要找到一种惩罚，让女儿尝尝失望的滋味，这里面有一些报复的动机在起作用。让愤怒来左右自己是愚蠢的，如果这种事情发生在家庭之外，大多数人可能会考虑到很多利害得失而告诫自己不要莽撞，但对自己的家人却毫无顾忌地发泄怒火。假如想一想自己慈爱的本意和这样做对孩子带来的伤害，劳拉的确应该尽力控制自己的情绪。

当然，对孩子不管不问、漫不经心的母亲肯定是不称职的，但过分溺爱、迁就孩子，或者粗暴地采用错误的教育方式，不管这个母亲内心有多么关心孩子，在我看来，也还是个失职的母亲。

3.要以身作则，不要空洞说教

我的女儿维妮弗里德出生后，我常常思考应该怎样把她培养成一个有用的人，我最担心的就是自己不能尽到一个母亲的责任。生儿育女是父母的选择，而不是儿女的选择，有什么样的父母是由命运决定的。但怎样做才能成为合格的父母，赢得儿女一生的敬爱呢？

父母生养了孩子，为了孩子真是呕心沥血。但这是否就意味着孩子理应尊重和感激父母呢？不少父母会这样想：我为你操尽了心，你当然应该知恩图报，只要我愿意，就可以要求你的服从。在人类的传统道德观念中，孩子对父母有着与生俱来的尊敬和服从的义务。但事实上，时代在变，许多传统的东西在消失，许多事情都要等待时间的评判。如今的父母应该怎样看待孩子在家庭中的地位呢？

在女儿的成长过程中，我发现在她很小的时候，要求她绝对服从我一般不会有什么问题。但随着她的逐渐长大，再理所当然地要求她服从，就有些费劲了，甚至还会带来很多麻烦。不少父母会很痛心地说："我为孩子尽心尽力，结果怎么样呢？他根本就不尊重我，还嫌我烦，把我的话当耳边风。"感谢上帝，好在维妮弗里德并没有那样对我，事实上，我也不曾要求她绝对地服从我。我认为，一切事物都是相互作用的，你怎样对她，她就会怎样对你。我认为父母期待孩子报恩的心理，是造成父母和孩子之间矛盾的首要原因。为人父母是件光荣而又艰辛的事，如果不以真诚的态度来对待，就很难获得儿女的爱和尊重。试想一下，一个家庭中总是充斥着"我给了你那么多……""你必须报答我"的气氛，那又怎么能算一个家呢？那简直是一个嘈杂的集市。在这种氛围中，哪里还有什么家庭温暖可言，孩子又怎么可能健康成长呢？

真诚地对待生活，爱事业、爱家，有着良好习惯的父母，必然能够得到孩子的尊敬。否则，当父母要求孩子行为检点一些时，孩子只需这样一句话就能把父母顶得哑口无言："你自己不也一样吗？"可见，父母能否赢得子女的尊敬，关键在他们自身的言行。有点儿修养的父母也许还能找出理由为自己辩护，劝孩子接受自己的教育，但没有修养的父母，也许会因为被孩子揭了短而更加恼火，因而说出极不理智却又貌似有理的话来：“你怎么敢这样和你妈妈说话？不懂得尊敬长辈！我是大人，当然可以这样做，你是个孩子，当然就不可以！你不听话，我就要惩罚你。”在这种环境中，孩子成了低等公民，哪里还有幸福可言。有的人认为这样的训话是理所当然的，既然孩子的生命是父母给的，父母对他们当然握有生杀大权。可是在我看来，这种观点真是荒唐可笑，为什么大人就一定要得到孩子的尊敬？为什么年龄大或地位高的人就一定应该受到年轻或地位低的人敬爱？也许大人为了利益关系，不得不对年长位高的人表示违心的恭敬，但绝不应该把这种观念应用在天真无邪的孩子身上。对一个不值得孩子尊敬的家长，孩子就有权表示自己的不满。我认为，打着尊老的旗号去强迫孩子顺服，是一种自取其辱的做法。就算大人能够使孩子沉默，但在孩子的内心深处，不满也会转化成憎恨和蔑视。

我认为，父母应该对孩子保持平和的心态。如果我们真正接受了这个观念，就不会抱怨孩子不尊重自己，而是遇事先检点自己的行为是否值得孩子尊重。其实这种自我反省的态度本身，就是对孩子最好的教育。

我在教育维妮弗里德时，从不以权威的身份去命令她做什么或不做什么，也不以高她一等的姿态向她提出什么要求。

我相信，只要我能够严格要求自己，她一定会跟着我学的。我认为，行动远比说教有力量。

女儿两三岁时是个捣蛋鬼，她不但经常弄坏自己的玩具，还不时地来干扰我的工作。这种事在那个年龄是常有的，她对什么都感到好奇，什么都想碰一碰。

有一次，维妮弗里德趁我不在，悄悄溜进我的书房。也许是因为好奇，也许是恶作剧，她把我未写完的论文稿撒得满屋子都是，那些整理好的顺序全都被搞乱了。看到这种情形，我只是瞟了她一眼，并没有立即责备她，而是一页页将稿纸捡起来重新整理好。当时，她就在我的身边，静静地看着我整理稿子，似乎没有想到要过来帮我。我快要整理完的时候，她回到了她自己的房间。晚饭后，维妮弗里德要我到她的房间去帮她收拾散乱的玩具，我走到她的房间，见那些玩具扔得到处都是，而且床单也被她拖到了地上，还有几样玩具被她弄得支离破碎。我什么话也不说，转身打算离开她的房间。

“妈妈，你不帮我收拾吗？”女儿问。

“不，我为什么要帮你收拾？”

“可你平时总是帮我收拾的呀。”女儿不解地说。

“可是今天，你把我的稿纸全都弄到了地上，又有谁帮我收拾呢？”

女儿看着我，眼里流露出不解的神色。

“维妮弗里德，你知道我的稿子是怎么撒在地上的吗？”我问。

“是我弄下去的。”

“你为什么那样做？”

“我觉得把它们撒下去很好玩。”

“是吗？它们是玩具吗？”我问。

女儿似乎还没理解我的意思。

“你想想，把它们弄乱很容易，但要把它们整理好却很麻烦，所以你玩的时候不需要我帮你，而收拾玩具的时候就需要我帮你。另外，那些稿子是妈妈好不容易才写出来的，你怎么可以随便乱扔呢？”

“对不起，妈妈。”女儿低下了头，“我错了，我以后再也不乱动你的东西了。”说完，维妮弗里德走进自己的房间，轻轻关上门。过了一会儿，她出来叫我。原来，她已经自己把那些玩具捡了起来，并且整理了房间。虽然整理得并不好，但确实是她自己亲手整理的。看到这情景，我真有些感动，因为女儿幼小的心灵已经理解了我想告诉她的道理。

从此，维妮弗里德再也没有乱动过我的东西，并且学会了收拾自己的东西。

4.好母亲不怕犯错

事实上，我那可爱的女儿还没有出生，我就开始考虑将来怎样教育她。每当感觉到她在我腹中躁动，每当她在里面踢我的时候，我就想象她出生后的样子。那时，我深深地体会到了即将成为一个母亲的喜悦，我决心要做一个好母亲。

看着刚刚降临人世的女儿，我真不知道怎样爱她才好。我想，世上所有的母亲看到自己的孩子来到人世的那一刻都是这样的吧。我不知道世上是否有一个理想母亲的模式，如果有，我真想马上成为那样的母亲。

什么是理想的、出色的好母亲呢？我认为有爱心、负责任的母亲，就是理想的母亲。负责任的母亲会关心孩子的成长，不断摸索培养孩子的经验，学习这方面的知识，在培育孩子的同时注重自身的成长，用自己的积极态度去影响孩子。在我心目中，理想的母亲应该永远镇定自若，永远慈爱地对待孩子，永远懂得用最好的方法去管教孩子，永远舍得在孩子身上花足够的时间，永远对孩子抱着乐观的态度，永远知道怎样回答孩子的问题。当我知道孩子即将降临时，就在心中为自己描绘了这样一幅理想母亲的画像。

但是实际上，在我生下维妮弗里德之后才深深体会到，想要成为这样的理想母亲太难了。看着女儿一天天长大，我常常想，别的母亲也许做得比我更好，但我知道没有任何一位母亲能够永远像理想中的那样完美。即使做了母亲，也仍然要在生活中成长，仍然要面对生活的种种考验，仍然会有自己的缺点，但我还是力求做到更好，力求向一个完美的母亲靠拢。

我的女友爱伦娜是个单身母亲，生活的负担压得她疲惫不堪，婚姻上的挫折也使她心灰意冷，总认为是自己不会待人接物才使丈夫离开了她，女儿的欢笑成了她的唯一慰藉。但随着年龄的增长，女儿却越来越不快乐，每天回家都郁郁寡欢，也不和朋友来往。爱伦娜想知道发生了什么事情，但女儿总说什么也没有发生，不愿多说。直到有一天，老师送来一份女儿的作文，她才隐约知道了一点眉目。女儿在作文里描述了一个自卑的女孩，处处不讨人喜欢，脑子也笨，因此活得很不开心。

老师对爱伦娜说，这篇作文很可能反映了孩子内心的想法，希望母亲能和她谈一谈。爱伦娜看完作文，沉思良久。她似乎在文章里看到了自己的影子，想到自己平时总是自艾自怨，很少有心情振奋的时候，而这一切都被身旁的女儿学了过去。

爱伦娜意识到女儿的消极正是自己的态度造成的，要帮助女儿，只有先改变自己。于是，她开始积极寻找能够鼓舞自己信心的办法。她和女儿谈了自己的计划，要女儿做她的监督人。每天晚上，她都要写下一件明天要实现的具体事情，比如和同事一起吃午餐，增进了解，以便改变自己的孤僻形象等等。为了提醒自己，她把纸条放在餐桌上，早晨起来让女儿念给她听，晚上和女儿吃饭时一起检查执行情况。刚开始，女儿有点怀疑母亲是不是出了毛病，但看到母亲坚持不懈的态度，又很感动。母女俩常常在晚餐时讨论这些行动的效果，女儿开始向母亲提建议。不久，爱伦娜的纸条旁边多了一份女儿的纸条，母女俩开始相互监督。有时她们会回头去做以前的条子上写下的事，因为她们从中获得了快乐和自信。后来，当女儿摆脱了低沉的情绪时，爱伦娜也精神焕发，就像换了个人似的。

我认为，做母亲的必须明白，教育孩子的知识和技巧永远也不会有足够的时候，因为新的问题总是不断产生，需要有新的解决方法。一个好母亲应该在不断探索和自我完善中改进自己的教育方法，而这一过程要持续到孩子长大成人，离开家门为止。

我在养育女儿和培养她的过程中，常常自问：我是一个好母亲吗？当我在气头上打了女儿几下；当我没有耐心听完她的解释，就怒冲冲地呵斥她，后来却发现她受了委屈；当我强迫她按照我认为正确的方法去做事，结果发现自己的看法是错误的……每当出现诸如此类的事情，都会不断引起我的自责，有时甚至让我怀疑自己是否是个合格的母亲。每逢这类事情发生，我都会感到一阵心疼和愧疚。

有一次，我冲女儿发了火。也许女儿觉得自己已经长大了，竟然向我表示出不满和不服。

“米莉的妈妈就不像你这样发火，她总是很耐心地和米莉讲道理。”女儿冲我喊道，并且学着我发火的样子。

女儿的话和表情深深地刺疼了我，伤害了我作为母亲的自尊。我真怀疑自己是否有能力教育好孩子，心里不禁有了一丝担忧。我的脑海中出现了这样一个画面：我疲惫不堪地大声嚷嚷，试图把女儿领上正道，却不得要领，结果招来的是反抗；而隔壁米莉的母亲却轻松自若地控制着局面，谈笑间就把孩子安排得十分妥当。我渐渐对自己感到失望和愤怒，觉得自己既无能又缺乏爱心，我甚至怀疑女儿在嘲笑我这个没用的妈妈。

第二天，我遇到了米莉的母亲。我故作轻松地向她转述了女儿的话，忐忑不安地希望听听她的建议，以挽救我正在动摇的信心。令我欣慰的是，米莉的母亲大笑起来：“不要相信她说的。孩子们都差不多，母亲们也区别不大。我只是从未当着维妮弗里德的面发过火而已。想想吧，我有两个孩子，都需要我照顾，我怎么可能永远没脾气呢？”

听了米莉母亲的话，我感到很宽慰，又重新有了自信。我举这个例子，并不是要为我的“粗暴”辩护，认为向孩子发脾气是理所当然的。我只是想告诉年轻的母亲们，即使在忍无可忍的情况下做了一些不理智的事，也不必怀疑自己作为一个好母亲的资格和能力。我认为，只要尽了力，并不断改进自己的态度和方法，就算得上好母亲。

事实上，在后来的日子里，我不但没有再向女儿发过火，还渐渐掌握了一整套行之有效的教育方法。在后面的几章里，我会详细地介绍这些方法。在我的教育下，维妮弗里德取得了今天的成就，这令我感到十分自豪。我相信，迄今为止，我应该算得上一个好母亲。

5.好妈妈都善于自我教育

维妮弗里德在学习上取得一些成就后，很多人来向我讨教培养孩子的方法，我记得有位年轻的母亲曾这样对我说："有时候我为自己取得的成功感到欣慰，觉得前景一片光明；有时候又觉得很失败，似乎所有的努力都白费了。"我问她是怎么教育孩子的。她告诉我，她读了很多关于教育的书，但有的管用，有的却没有效果。

我告诉她："孩子是你生的，你当然最了解自己的孩子，要教好孩子，你应该有自己的一套。"

我的朋友心理学家伊斯宾娜·杰克斯，曾对我谈到她的一段经历：

"我学完心理学课程，开始为问题少年进行心理和教育咨询。经过一段时间的实习后，我满怀信心地投入工作。向我咨询的孩子通常是由父母带来寻求帮助的。父母们问得最多的一个问题是：‘你有几个孩子？’我回答说：‘我还没结婚，一个孩子也没有。’听到这个回答，父母们总是显得特别失望，接下来的咨询就明显是在敷衍了，因为他们根本不相信我的诊断，对我提出的建议也很怀疑。这让我很泄气，觉得自己完成了那么多课程，受了那么多专业训练，却遭到了别人如此轻易的否定，实在太不公平了。

“后来我结了婚，有了孩子。起初我对做一个好母亲是很自信的，心想凭我这么多年的专业知识和对孩子的爱，还做不好母亲吗？我为我的孩子制定了一整套培养计划。然而，事实却让我十分难堪。

“我不仅没有机会实施那些计划，甚至连孩子的日常生活也招架不住，只要不出什么乱子，就已经谢天谢地了。我发现我的专业知识根本派不上用场，只好去书店买回一大堆育儿方面的书，寻求解决办法。这时我才明白，为什么那些父母毫不重视一位从未做过母亲的顾问的建议了。”

不仅如此，伊斯宾娜还告诉我，即使读了那些育儿方面的书，也经常感到培养孩子的艰难。

事实的确如此，在那些研究育儿问题的专家中，最权威的正是那些有过亲身育儿体验的人。今天我之所以写这本关于教育的书，也是因为有了教育维妮弗里德的经验，并且取得了成功。不然我是不敢轻易动笔的，因为我对其中的艰难深有体会。有一些专家让我特别敬佩，他们不仅养育了自己的孩子，还收养了一些孤儿，组成一个大家庭。这样的专家当然要比只有书本知识的学者更有发言权。

我认为，养育孩子是一件必须认真对待的事，也是一项艰巨的任务。所有的父母都热切希望自己的努力能够对孩子的成长有所帮助，不愿意看到孩子失去任何可能的教育机会。但是，在实施时我却都发现这项工作极其艰苦，而且后果难料。不仅要在智力、道德、能力上为孩子打好受用一生的基础，即使在处理一些日常生活的小事上，有些父母也会不知所措。甚至连那些受过良好教育的父母们，也会发现自己会常常失去理智，用无知、不理智的方法来对待孩子，而事后又为自己的无能和粗暴而愧疚、自责。所以，教育孩子并不像有些人想象的那么容易。

我在教育维妮弗里德的过程中，深深地体会到，只靠书本知识是远远不够的，必须有意识地调动起母亲自身的潜力，理智而细致地培养孩子。

前些日子，我又遇见了前面所说的伊斯宾娜，她现在已经成了一位颇有建树的儿童教育专家。她向我询问了维妮弗里德的情况之后，给我讲了下面的这件发生在她自己身上的事：

“有一次，我和丈夫带着儿子一起在外面吃饭，一位女士走上来对我说：‘恕我冒昧，我只是忍不住要对你说，我是多么羡慕你有这样一个懂礼貌的孩子。我认识你，听过你的教

育讲座。你的确是一个理想的母亲，看到你和孩子交谈的态度，我就明白了为什么你儿子的举止会这么得体。’

“当着孩子的面受到这样的称赞实在让我脸红。这孩子那天的表现确实很好，但他绝对不是一贯如此。多少次我咬牙切齿，低声向他怒吼！当然，我也真的为儿子卡特尔感到骄傲，由于他在知识竞赛上表现出色，他的名字经常出现在当地报纸上。然而，正是这个出色的儿子，给我带来了无尽的烦恼。我们经常发生争执，而且多半不是为了原则上的问题。

“我最不能容忍的，就是他无论在哪里都会把房间搞得乱糟糟的，一看到这种情形，我总是忍不住勃然大怒，我会冲他大叫：‘我跟你说过多少次了……’我们之间的冲突是如此频繁，以致我很担心卡特尔会把我这个母亲当做敌人。

“直到有一天，卡特尔到外地去参加夏令营，情况才有了好转，也许卡特尔生我的气了，一直没有给我写信。我真的很牵挂他，于是就主动给他写了一封信，除了表示关心外，我还特地向他道了歉，承认自己经常发脾气不对，还在信中说出了平时说不出口的想法。

“不久，卡特尔就给我写了回信，他在信中说：我在这里最想念的就是爸爸妈妈，我真的很爱我的妈妈。妈妈，您用不着向我道歉，本来就是我错了，本来应该我向您道歉才对。

“你不知道我读了这封信后有多么高兴。而且卡特尔回家后，我们就再也没有争吵过。”

在伊斯宾娜的故事中，我注意到了那封信，她在信中向儿子说出了平时说不出口的真心话，从而得到了儿子的理解；儿子也在信中以不损尊严的形式改正了自己的错误。这是一种非常好的沟通方式。

我认为，为人父母是一个不断学习的过程，因为随着孩子的不断成长，就会不断有新问题产生。拿我的女儿维妮弗里德来说，我刚刚解决她吮手指的问题，又要想办法制止她破坏物品；刚刚鼓起她与陌生人交往的勇气，又要防止她胆大包天，随意离开家门，擅自行动。问题似乎没完没了。

我想，所有的父母都愿意解决这些问题，尽管它源源不断地冒出来。实际上，最后让父母们懊悔不已的并不是努力没有收到成效，而是该做的努力没有去做。有一位母亲曾经这样对我谈到自己："我真是一个傻瓜，我怎么这么蠢，让几个月大的女儿每天醒那么多小时。要不是你后来提醒我为她建立睡眠规律，我还会继续下去呢。可是现在已经晚了。"

我对她说："晚了吗？没有那么严重吧，而且少睡点觉对孩子将来的影响也许没有你想象的那么大。"

话虽这样说，我还是能理解她的懊悔，因为那是她唯一的孩子，而且她由于身体原因，以后恐怕再也不会有孩子了。

这位母亲对女儿倾注了全部的心血。孩子刚出生的头几个月，应该有尽可能多的睡眠时间，这对孩子的身体和大脑发育都有至关重要的影响，即使孩子喜欢哭闹，不愿意睡觉，也要想办法让他多睡，使他养成良好的睡眠习惯。但这位母亲不忍心看着孩子哭，她一哭就抱起来哄，这样一来，孩子就睡得很少，当她意识到这个问题并开始为孩子建立睡眠与喂养规律时，关键的几个月已经过去了。这件事让她很痛心，她常常自责，怪自己做了那么多的准备，费了那么多心血，却没有注意到如此关键的问题。

许多母亲本来不必做太大努力就可以使孩子顺利成长，但由于没有意识到而错过了机会。有时候，有的母亲费了很多心血去纠正孩子的某个毛病，却由于方法不当或者认识有错误而白费力气，甚至适得其反，我们身边不是有很多母亲为自己的过失而悔恨吗？因此，我认为要当一个合格的母亲，不仅要积累育儿知识，还应该学习心理、生理知识和实际经验。与别人交流常常会学到很多东西，读有关书籍也是一个重要途径，但最重要的还是要把学来的知识与技巧加以创造性地运用。

我认为，每个孩子都是不同的，这就要求母亲具有独创性，不断在实践中摸索和思考。善于灵活运用知识的母亲，做起事来往往事半功倍，也能使自己摆脱很多不必要的烦恼。

我希望世上所有的母亲都成为聪明和有独创性的母亲，这样才能对孩子进行有效的培养。我在培养维妮弗里德的过程中深深体会到，一个母亲要想培养出优秀的孩子，就必须先进行自我教育。

第二章　怎么吃才能更健康

对孩子来说，进食既不应是一种奖赏，也不应是一种义务，我从不用食物去贿赂维妮弗里德，也不用不准她吃来惩罚她。我认为根本没有必要浪费那么多时间和精力，把食物当成奖励、惩罚或威胁的工具，用来管教孩子。对于女儿，我从不把管教和食物联系在一起。

1.世界上最好的婴儿食品是母乳

在前面谈了很多有关母亲的事，我想，现在应该来谈一谈孩子了，为了让读者更好地理解我教育女儿所用的方法，我就从女儿的出生开始讲吧。

女儿刚出生时，我首先考虑的是她的健康，我一开始就非常注意造就她强健的体魄。因为如果生活中缺少了健康，无论对大人还是孩子来说，都是很不幸的。身体不健康，就难以欣赏大自然的美和人的创造之美。当然，对于还是婴儿的女儿来说，一切都得从喂养开始。

我认为，最好的婴儿食品就是母乳，我想别的母亲也会同意我的这一观点。这不仅对孩子有益，也对母亲有益。事实上，每当小维妮弗里德轻轻地吮吸我的乳汁时，我总会感到极大的幸福。因为这个小生命是我创造的，我在喂奶时看着她吮吸的样子，内心常常充溢着巨大的喜悦。

女儿还没出生，就有好心人向我介绍母乳的好处，尤其是我母亲，常常在我耳边念叨："金汁银汁不如母亲的乳汁。"母亲告诫我，千万不能学那些不负责的母亲，她们为了保持体形而排斥母乳喂养，甚至放弃哺乳，这是很不理智的行为。我母亲反复向我强调一个母亲对孩子负有多么大的责任，她要我万万不可错过哺乳的时机，以免将来后悔莫及。

女儿渴了或饿了，就会感到很不舒服，并开始啼哭。在她出生的头几天里，她似乎还不明白不舒服是因为饥饿，更不知道吮吸乳汁会给她带来满足。刚开始，女儿因为饥饿和口渴而啼哭时，我把乳头放进她的嘴里，她却哭着不停地躲避，甚至尝到了第一口乳汁，也不能使她停止啼哭。我知道这时候一定不能着急，我没有强迫她吃奶，而是不停地暗示她，用亲情和耐心唤起她吮吸的欲望，诱导她学会吮吸。我知道，婴儿有吮吸的本能。因此，我没有硬把乳头塞进她的嘴里，而是利用她的这种本能，反复诱导她吸奶。我想，只要她吸过几回，能把吮吸与乳汁、舒服的感觉联系起来，一切就会好起来。后来，只要乳头一放进她嘴里，她就会安详地吮吸起来。我还发现，凡是能放进嘴里的东西，不管是乳头、奶嘴，还是手指，她都爱吮吸。

在我给女儿喂奶的那段时间，始终坚持一个原则：要充分满足她吃奶的需求，只要她饿了就给她喂。刚开始那几天，我大约每隔两小时就给她喂一次奶，如果她因为哭累了，睡过吃奶的时间还没醒来，我就随她的便，她醒来后自然会找奶吃的，无论是白天还是夜晚，我都随时留心女儿的哭声，及时给她喂奶。我女儿在哺乳期吃得特别香，特别满足。

此外，在给女儿喂奶的那个时期，我绝不使用香水或香味很浓的化妆品。因为新生儿的嗅觉非常敏感，太浓的香味会使婴儿认为这不是自己的妈妈。有一次，我只不过用了一点护肤的化妆品，小维妮弗里德就不安地哭闹起来，甚至要推开我。在哺乳期间，我对女儿的照料无微不至。我想，正是由于在婴儿时期得到了很好的照料，她现在才会有这么健康的身体和聪明的头脑。

2.厌食证是怎么形成的

女儿到了4个月大，我在喂她母乳之前，开始先给她吃点橘子汁。再过一段时间，开始喂她汤、煮热的鸡蛋和土豆等。谷类食物是大多数孩子都爱吃的，也是他们最好的食物。

我认为，对孩子来说，进食既不应是一种奖赏，也不应是一种义务，我从不用食物去贿赂维妮弗里德，也不用不准她吃来惩罚她。我认为根本没有必要浪费那么多时间和精力，把食物当成奖励、惩罚或威胁的工具，用来管教孩子。对于女儿，我从不把管教和食物联系在一起。我为她营造了轻松的进食气氛和环境，让她自己轻松地进食。

有的父母总担心孩子吃得太少、太多或者不会吃，一到吃饭时就如临大敌，使出浑身解数来对付孩子。必须这样，不能那样，无形中就给孩子造成了一种压力。久而久之，吃饭就成了孩子的一种负担，这不仅影响了孩子进食，也给父母带来很多不必要的麻烦。

我表妹的儿子约翰在6岁时患了厌食症。我见到他的时候感到很吃惊，因为在这之前他一直很健康。我记得两年前，他是个胖乎乎的小伙子，脸色红润、充满活力。可是这一次完全不同了，他瘦得像只猴子，简直是换了个人。

我详细地向表妹询问了情况，才了解到小约翰生病的原因。原来，小约翰生性顽皮，他母亲为了让他听话，就经常用不许吃东西的办法来管教他。

有一次，小约翰和小伙伴们在外面玩了很久，天黑之后才回家，错过了吃晚饭的时间。由于太饿了，小约翰一进家门就直奔厨房，寻找他爱吃的东西。这时，他母亲出现在他的面前。

“约翰，你在干什么？”母亲严厉地问。

“我在找吃的。”约翰回答。

“还想找吃的，你为什么这么晚才回来？”母亲很生气，“谁叫你错过了吃饭的时间？你一天到晚都在外面玩，什么都不顾……太不像话了，今天我绝不会给你吃的……你活该……”说着，母亲揪着小约翰的耳朵，把他带回了房间，并把他锁在了屋里。

后来小约翰对我说，他那天实在是饿极了，真想把床单都吞下去。

第二天一早，母亲给小约翰送去了牛奶和可口的点心。可是，小约翰一点食欲也没有，用他的说法是:“我早就饿过头了，现在一点都感觉不到饿了。”

从那以后，小约翰似乎再也没有了以前那种好胃口，每天只吃一点点东西，有时甚至什么也不想吃。我问他为什么不想吃东西，他说他那天晚上梦见了很多好吃的东西，他正准备吃，母亲突然出现在他面前。母亲身边有一条很大的狼狗，恶狠狠地盯着他的食物，似乎马上就要扑上来抢他的美味，后来，母亲很严厉地骂了他一顿，还让那条大狼狗咬了他。小约翰告诉我，他一到想吃东西的时候就会想起那条凶恶的大狼狗，所以根本就不敢吃，渐渐的就变得不想吃东西了。

看着小约翰面黄肌瘦的样子，我心中暗暗感到悲伤。我责备了表妹，因为就算孩子不听话，也不能用不许吃东西的办法来教训他，而应该用科学的教育方法来说服他。

后来，我们带小约翰去看了心理医生，费了很大的劲才治好了他的厌食症。

这个例子告诉我们，不管孩子有多大的错，仍然有很多别的方法来引导他，采取不许孩子吃东西这种方法，真是太愚昧了。因为我们都知道，即使对待成年人也应该就事论事，何况是孩子呢？用愚蠢的教育方法来管教孩子，不但不能让他很快地改正错误，甚至还会影响他在其他方面的健康成长。

在我们周围，孩子们有各种各样的缺点，有的自私，有的贪婪，有的忧郁，很大一部分都是由于小时候未得到良好的教育所致。如果我用吃来奖惩孩子，他会认为将来的生活目的就是为了吃喝，就容易形成自私、狭隘的性格。如果孩子由于犯了错误而挨饿，就会认为父母不爱他，因而性格很容易变得阴郁。一旦有了这种错误认识，必定会对孩子的未来产生很多不良影响，我当然不希望自己心爱的女儿被这种不良影响所困扰。

3.不同年龄有着不同的营养需求

我在喂养女儿维妮弗里德时，始终坚持这样的原则：鼓励女儿自己进食，让她觉得吃东西是一件很重要和很愉快的事，也是一件她能够轻松完成的事。尤其在她很小的时候，如果她觉得手指更灵活而用手抓着吃，我也不会训斥她。

我相信，只要给她足够的食物，她就不会挨饿。这并不是对孩子漠不关心，这是我在养育女儿的过程中得出的经验，适用于所有的孩子。女儿喜欢先吃什么，或者把哪些食物放在一起吃，我都让她自由选择，只要女儿不挑食或贪吃，我都会尽量让整个进食过程充满轻松的气氛。我对她采用的办法是多提醒少训斥，逐步培养她良好的饮食习惯。

哈里斯·莱恩斯特在他的著作《大脑的营养》一书中说："任何一种营养不足都会降低某些神经信息传递的水平，并对多种相应的行为产生负面影响。同样，身体或精神的失常可以通过调节相关的传递因素而得到矫正，可以通过对饮食做简单的改变而达到。"他在书中详细列举了损害大脑功能的各种营养不良的症状，特别介绍了一种人体自身不能产生的多元不饱和脂肪酸缺乏时的情形："值得庆幸的是，同样很容易地发现，一匙玉米油就可以满足一个成年人一天的全部需要。但这一匙对正常的大脑功能是至关重要的，缺少这一匙玉米油，大脑就不能修复髓脂质梢，其后果可能是出现动作不协调、失记、偏执、冷漠、发抖等症状。”

在现实生活中，类似营养不良引起大脑功能降低或损伤的情况并不少见。如果想要孩子的大脑能够高效运行，胜任各种形式的脑力劳动的话，那么对饮食的合理安排，就可以更好地满足孩子的营养需求，从而维持其生理平衡。

我认为，科学的饮食能供给大脑正确的营养，能帮助孩子提高智商，是孩子发展智力必不可少的起步过程。

女儿出生后，我仔细地观察她的一举一动。我发现像她这么大的婴儿长得特别快，特别是头三个月，所以这一阶段的营养摄取比任何年龄段都重要。除了像前面所说的那样及时给她喂母乳，我还用牛奶和羊奶喂她，并用各种米、面、黄豆等做成的代乳品喂她。在女儿 1 到 3 个月那段时间，我还喂她一些果汁和菜汁，如橙子汁、西红柿汁、胡萝卜汁、菠菜汁等。4 到 6 个月，我喂她香蕉泥、苹果泥、土豆泥、胡萝卜泥、蛋黄泥、鱼肉糊、蔬菜糊和牛奶粥等。7 到 12 个月，我特别为她做了青菜末、牛肉末、鱼肉糊和鸡肉粥，还经常喂她一些鸡汤和骨头汤等。我发现她在吃这些东西时，似乎比吃奶还高兴。

维妮弗里德 1 岁多时就断了奶。刚开始，我主要喂她牛奶，并在每天的正餐之间，定时喂她一些辅助食物，如肉末、蛋羹、果菜等。由于这一阶段孩子的主要营养已经不再来自母乳，而是从每日的饮食之中获得，所以我更加注重食物的调配，保证营养的供给。女儿到了2岁，我主要喂她菜、肉、鱼、蛋和豆制品，同时辅以面包、薯类等食品。小维妮弗里德在那个阶段很不喜欢吃蔬菜。我经过仔细观察，发现她不喜欢吃的原因是蔬菜的纤维长，味道和口感都比较差，于是我就尽量把菜肴做得细一些，使她愉快地接受。女儿3岁时，我认为各种类型的营养对她都极为重要，尤其是那些基本的营养类型一样也不可缺，特殊的营养能为孩子的成长提供必需的能量，如果脂肪摄入过少，会导致热量不足，就只能靠糖类来补充，但是要适量，因为甜食吃得过多会降低孩子的食欲，并且会损害牙齿。所以，我不会给女儿吃过多的糖，即使需要，也是有限制地食用。

从女儿3岁起，我开始注意她的饮食规律，一般是每日三餐之间加一点不影响正餐的辅助食品，让她全面地摄取各种营养。

到了5岁，小维妮弗里德的乳牙已经长齐了，咀嚼更为方便。这时，我认为她的饮食要求基本上已经接近成人，因此就让她吃各种成人的食物，但很少让她吃刺激性强的东西。在那个阶段，我为她安排了各种花色品种的食物，注意粗粮和细粮、荤菜和素菜的搭配。

如果女儿边吃边说话，我一般不会制止她，除非她做得太出格。我认为，如果孩子吃饭时特别爱说话，边吃边说还加上手舞足蹈，不仅吃得慢，分散了注意力，而且长期如此，会对孩子的身心发育带来不利影响。如果女儿出现这种情况，我会及时加以引导，以适当的方式干预她，但从不呵斥她，过于严厉的责备会影响她的食欲。我会劝她少说，而不是完全不准说。如果完全不准她说话，那么整个进餐过程就会变得死气沉沉，而且还会影响她的表达能力。

食欲对于人来说是非常重要的本能。调节和控制食欲，可以帮助父母巩固和加强孩子生长发育的成果。孩子食欲旺盛固然是一件好事，但食欲太强却未必值得高兴，贪吃的孩子肯定有问题，所以，调理好孩子的饮食对他们的成长极为重要。

小维妮弗里德也有贪吃的时候，如果她在不恰当的时候想吃东西，我会想办法引导她忍住，等那股馋劲儿过去，降低食物对她的诱惑。吃，是人的天性，孩子偶尔嘴馋，也是难免的，关键是在这种情况下怎样去引导他们。

我认为，孩子可以有各种各样的饮食方式，父母应该根据孩子的年龄、体质和营养等方面的因素，认真选择适合自己孩子的方式，通过适度的控制，逐渐引导孩子树立健康的饮食观念，只有这样，才能使孩子健康成长，父母也不至于劳而无功。

第三章　给孩子一个充满声音和色彩的世界

大胡子比利告诉我，他见过很多孩子，但从来没有见过观察力和记忆力这么好的孩子。他还问我女儿是否天生就有这种能力。我给他讲了我对女儿的训练方法后，大胡子比利很惊讶，决定把这种训练法运用到他对儿童的教育上，并向他的同行们推广。

1.训练孩子的听力，从胎教开始

教育维妮弗里德，第一步就是训练她的五官。我认为，任何能力，如果不去开发并加以利用，就永远也不会有发展。

因此，应该尽早训练孩子的五官。要发展孩子的五官，最好从听力开始，这样会收到很好的效果。

婴儿听力的发展比视力更早，早在母亲肚子里的时候，孩子就能聆听声音了。我想，假如父母没有进行有效的胎教，那么孩子听到的可能只是心跳的声音;要是进行过有效的胎教，孩子的听力就会发展得更早。

因此，女儿还未出生，我就为她唱好听的歌，并在那时候就给她取了名字，还经常和未出生的女儿说话。我经常喊着腹中胎儿的名字:“小维尼，小维尼，妈妈在叫你，你听见了吗？”我想，她肯定是听得见的。

不少父母都有过这样的经历，尖利的声音会使孩子受到惊吓，声音越尖利，孩子的反应就越强烈。当我发现女儿有这样的反应时，就知道她已经有了足够的听力，于是就不失时机地对她进行训练。

维妮弗里德很小的时候就讨厌刺耳的声音，而喜欢有节奏、有韵律的声音，如音乐、有节奏的鼓声和时钟的“滴答”声，因此，我从她有了这种感受开始，就用音乐和读诗歌来开发她的智力。

可以说，小维妮弗里德的幼年时光完全是在音乐中度过的。由于我自己始终爱好音乐，常常在家里弹奏钢琴，所以每当女儿听到悦耳的琴声，就会流露出激动的神情。

有一段时间我正在练习贝多芬的《致爱丽斯》，尽管小维妮弗里德在另一个房间，我还是发现她对音乐的敏感。

有一天，我弹完钢琴去看躺在隔壁床上的女儿，还没进门，就听见她在“咿咿呀呀”地哼着什么。于是我在门口停了下来，仔细听她在“咿呀”什么。让我高兴的是，她居然在哼《致爱丽斯》前面的几个乐句，虽然不那么准确，但也能听出个大概来。

我非常激动，在那几天里，我反复弹奏《致爱丽斯》前面的段落，当然，我并不是因为弹不好而反复练习，而是为了让女儿加深印象。我的工作没有白做，不久，小维妮弗里德就能把那几个乐句完整地哼出来了，不仅音准不错，而且旋律和节奏都是正确的。那时，维妮弗里德才 8 个月大。维妮弗里德到了 3 岁开始学琴，很快就把《致爱丽斯》的大部分学会了，除了特别难的乐句，其余的部分都弹得十分流畅，我想，这一定和她在摇篮中的学习有关系。

女儿那时候尽管很小，但已经在脑海中记下了许多乐曲。我不仅弹琴给她听，还经常为她放经典乐曲的唱片。我发现，她对不同的音乐会有不同的反应，当听到巴赫的音乐时，她平静而愉快，听到莫扎特的小夜曲她会显得很高兴，听到贝多芬的音乐时，她会表现得特别激动和兴奋，当听到舒伯特的《摇篮曲》时，又会安详地睡去。

我不仅让女儿听不同的音乐，还让她玩钢琴，当她敲响那些白键和黑键时，会咯咯地笑出声来。每逢女儿不高兴或哭闹，我就会把她抱到钢琴前，或者由我弹几个音给她听，或者让她自己去弄响它。琴声一响，不管她哭得有多厉害也会立刻平静下来。有时我不想让琴声给她太多的刺激，就把她抱开，这时她反而会哭起来。

为了使女儿对音有一个概念，我特地在钢琴C大调的位置，把红、橙、黄、绿、青、蓝、紫七种颜色的纸条分别贴在七个基本音的琴键上，给它们起名为红音、橙音、黄音等。我每天都会把她抱到钢琴前，敲响这些琴键给她听。女儿还不到6个月，就能把它们准确地区分开了。

到维妮弗里德能说话时，我就告诉她这些颜色分别代表什么音。我常常考她："红色的是什么音？黄色的是什么音？"女儿总能迅速回答："红色是do，黄色是mi。"

她开始学钢琴的时候，我专门请了一位音乐教师来教她。第一节课上完，老师非常奇怪地对我说："我真不敢相信！如果你女儿仅仅是有乐感，也还不算奇怪，因为你喜欢音乐，她受影响也是正常的。但是，她对音准也很敏感，而且能把标准音记得那么牢，你要知道，学音乐的人要想具有标准音的概念，需要花很多时间来训练。"

这位老师听我说了我的方法后，感叹说："要是所有学音乐的孩子都能在婴儿时期受到这样的训练，那么在将来学习音乐时一定会觉得特别轻松。如果这样的话，我们真不知还会拥有多少天才音乐家呢。"

在女儿还是个婴儿的时候，我不仅让她听音乐，还和她说话，正如前面所说，这一工作在她还没出生时就开始了。我认为，孩子来到这个世界后，父母应该尽早和他们说话。根据我的经验，女儿最爱听我对她说话的声音了。

我经常发现这样的情况，每逢女儿啼哭，只要我走到她身旁，对她说话，她就会立刻停止哭泣。她平躺着时，并没有想让我爱抚她，但是当她听到我的声音后，就会动起来，渴望我爱抚她。有时候，我说话之前她还在蹬腿，一听到我的说话，就会马上平静下来。

婴儿确实需要很长一段时间才能听懂父母的话，但是自从她来到人世，就会对父母的话做出各种反应。我对此深有体会：当我温柔地对女儿说话，她就表现得十分愉快，如果我大声呵斥，她就会不停地哭闹。因此，我奉劝那些年轻的父母，一定要尽早和孩子说话，有意识地训练他们的听力。

初生的婴儿除了会哭，还会发出一些别的声音，虽然那些声音并不是有意识的，但的确是他们身体正常的应激反应，这些声音传达了一些信息，可能是饭后高兴的“咯咯”声，也可能是哭泣前发出的“呜呜”声。

女儿6个星期大时就对我的微笑和说话声有所反应，两个月时，她不仅会微笑，还能发出一些声音。这时，我总是不失时机地和她说话。因为，如果照顾孩子的人不喜欢说话，不去答理孩子，那么这个孩子说话的时间就少了，何况孩子也并不光是和大人说话，他们还常常自言自语。父母应该抓住这个关键时期尽可能多地和孩子交流，让他们的听力得到更好的发展。

为了更好地提高维妮弗里德的听力，我在她 2 个月大时，为她准备了可以发出声响的玩具，如小鼓、铃铛之类的东西。每当这些玩具发出声音，她就会扭头寻找声源。我除了和女儿说话，还经常用轻柔的声音为她朗读诗歌，因为诗歌在很多地方和音乐有相同的作用，一个完全是声音，一个则含有意义。事实证明，给女儿朗读诗歌非常有效，她刚满 1 岁时就能背诵维吉尔的某些诗句了。她每天晚上都像祷告似的背诵那些诗句，因为喜欢，很快就背诵得滚瓜烂熟。

2.色彩训练，让孩子拥有一双发现美的眼睛

很多人认为孩子的听觉和视觉是自然形成的，不必在这方面费心。这种看法绝对是错误的。对婴儿的眼睛和耳朵进行有效的训练，对孩子的成长具有十分重要意义。有的人错误地认为，婴儿的眼睛形同虚设，根本看不见东西。实际上，婴儿只要睁开眼睛就能看见东西。不少父母都有这样的经历：婴儿醒着的时候总是呆呆地看着窗帘或明亮的窗户。这不是孩子看不见东西，而是没有东西可看。

有一次，小维妮弗里德呆呆地盯着天花板，眼里一片茫然，样子显得有些傻。我走过去逗她："怎么啦，小维尼？"但她还是没有反应。我很奇怪，女儿今天怎么这么迟钝，是不是生病了？当时我手里正好拿着一本红色封面的书，恰巧在她的眼前晃了一下，突然，我发现她露出了笑容，并且使劲挥舞着小手，不停地蹬腿。我这才明白，女儿喜欢看鲜艳悦目的东西。

那一天，我去外面买回许多颜色鲜艳的东西：漂亮的图画，色彩丰富的布娃娃，并且特地把窗帘换成了绿黄相间的花窗帘。为了锻炼女儿的观察能力，我在她房间的四面墙上挂了各种美丽的图片，有名画的临摹品，还有漂亮的装饰画。

要开启孩子的智力，图画能起到非常重要的作用，在善于绘画的母亲培养下成长的孩子是非常幸福的。由于认识到了画的重要作用，在女儿还不懂事时，我就准备了许多美丽的花草和鸟兽的图画给她看。我还给她看有漂亮插图的小人书，并不时读给她听。这时候，小维妮弗里德总是饶有兴趣地看着，静静地听着。我想，孩子尽管还什么都不懂，但她已经对母亲的声音和图画的颜色感兴趣了。

维妮弗里德稍大一点后，我不仅给她看更多的图片，还给她买来颜料、画笔和纸，开始教她画一些简单的东西。有意思的是，当时她还不会拿笔，也许是她的手太小，根本握不紧画笔，但她仍然表现出对画画的巨大热情。

有时候，她看着一大堆花花绿绿的颜料，但又不知该怎样去用它们，于是就急得咿咿呀呀地叫，那副样子真是太可爱了。

有一次，我索性把各种颜料都给她挤在调色板上，让她自由自在地玩。这样一来，她高兴极了。结果，把自己弄得一塌糊涂。

我帮她做好准备工作后，就到别的房间去了，当我再次走进女儿的房间时，情形已经大不一样了。小维妮弗里德满脸都是颜色，本来洁白的衣服也成了花衣服，连地板上都到处是颜色。我想，如果是换了别的父母，也许早就发火了。但我没有这样，因为脸和手脏了可以洗干净，床单弄脏了可以再换，但女儿如果在我的呵斥下失去了玩耍的乐趣，失去了对色彩的感觉，那却是再也无法挽回的事。

"啊，维妮弗里德，你看你，把房间搞得多脏啊。"我虽然这样说，但语气很温和。

后来，我注意到，在一个角落的墙壁上，有一个淡黄色的图案，我仔细一看，原来是一只小鸭子。当时我很激动，不管是有意还是无意，女儿毕竟在墙上画了她的第一幅画。

考虑到女儿在绘画上的"成就"，我决定教她使用画笔。我把笔放在她的手上，耐心地教她怎样握住笔。多次努力之后，女儿终于能牢牢地握住画笔了。后来，女儿就不再用手去抹颜料，而开始真正地用笔画画了。

为了培养女儿对色彩的感觉，我不仅给她买了颜料，还为她买来了色谱，耐心地教她区分不同的颜色。天长日久，女儿居然记住了很多种颜色，不仅是红、黄、蓝这些基本色，还能说出不同灰度的颜色的名称来。

直到今天，维妮弗里德一谈到色彩，还会说出一些专业的名称来。一般说来，除了受过专业训练的人，人们通常只会说“那是红色，那是橘黄色”，或者“那是灰色”，而维妮弗里德从小就会说：“哦，那是紫红，那是普鲁士蓝，那种灰色有点偏黄，哦，那块黄色有点偏绿……”她后来虽然没有成为画家，但她对色彩的认识超过了一般人。

维妮弗里德曾经对我说：“妈妈，我真幸福，因为我能看到自然界中美丽的色彩。不仅能看到天空和鲜花，我还能在别人不经意的地方看到色彩的细微变化。看那张旧桌子，它的色彩变化有多么复杂啊！简直是紫灰色和蓝灰色组成的色彩乐章……”

维妮弗里德会走路后，我经常带她出去散步，并让她观察大自然中的各种色彩。其实，这时的她已经是一个小色彩专家了，她对色彩的认识甚至比我还要强出许多。她观察天空的颜色、原野的颜色、森林的颜色、海水的颜色、建筑物的颜色以及人们服饰的颜色。她时而陶醉在自然界的美丽色彩之中，时而又对周围的色彩品头论足。每一次散步，我都会听到小维妮弗里德不停地评论周围的色彩。

“妈妈，你看那片天空。上边是深蓝色，左边有点湖蓝的味道，右边在向钻蓝过度了。快看，快看，接近地平线的地方在向紫灰和蓝灰过渡……”“妈妈，你看那位女士的衣服，颜色搭配很不协调，一点也不好看……花里胡哨。”“看那座教堂，色彩真是太美了……”

每当这时候，我都感到很欣慰，并且积极参与她的观察和评论，有时还会和她发生一点争执。但更多的还是高兴，因为我知道，女儿正沉浸在周围事物的美丽之中。我认为女儿是幸福的，她不像有些人那样对身边的美视而不见，而是尽情地享受它们。

女儿通过对周围色彩的观察，不仅得到了美的享受，更重要的是形成了敏锐的观察力，建立了一种独特的视觉感受力。另外，这种善于观察的能力，对她智力的发展和潜力的开发都非常有利。

3.在游戏中锻炼孩子的注意力和记忆力

除了用色彩来培养女儿的观察力，我还有意识地培养她对事物的专注。只有从小让孩子养成专心的习惯，她长大成人后才能够对自己的事业全身心投入，而不被其他事情所干扰。而且，养成了专心的习惯，她的记忆力和自我控制能力才会有所提高。对一个人来说，这是极为重要和必要的素质。

在维妮弗里德小时候，我经常和她玩一种叫“注意看”的游戏。这种游戏不仅能让女儿产生很大的兴趣，也能激起她的好胜心和不甘失败的决心。我经常抓起五六根彩色发带在她眼前一晃，然后问她有几根。刚开始，我的手晃得比较慢，让她有足够的时间去注意它们，后来，速度逐渐加快，到最后，这个动作在眨眼间就完成了。由于我对她进行了循序渐进的训练，起初她的判断还不大准确，但是到了后来，她十有八九都能说对。

通常，这种游戏是两个人一起玩的。如果她说对了，就由她来考我。起初，她输得比较多，可是到了后来，输的就总是我了。这时候，我常常像小孩一样想，都怪我妈妈，为什么她在我小的时候不这样训练我呢？否则我也不会老是输给女儿了。

有一次，我手中拿了八根发带。由于数量太多，女儿刚开始总是说不对，她急得快要哭了。

“维妮弗里德，我看今天就算了吧。”我对女儿说。

“不，妈妈，请再来一次。”维妮弗里德坚持要再试一次。

为了不让女儿失去信心，我故意把速度放慢了一些。

“不，太慢了，我能看出八根发带，这么慢谁都能看清。你换个数目，还是要像开头那么快。”维妮弗里德一下就识破了我的用心，并要求不能降低难度。

没办法，我只能照她说的去做。这回发带变成了七根，仍旧保持最初的快速。第一次，女儿没说对；第二次，她说没有看清楚，并要求再来一次；第三次，仍然没说对。

“算了，维妮弗里德，数目太多，我看这也太难了吧。”我劝女儿停下来，“恐怕连妈妈也说不对。”

“不，再试试。”

就这样，我们一次一次地玩下去。到了第 18 次，女儿终于说对了。我肯定她不是瞎猜的，因为我从她的神态中看到了抑制不住的喜悦。

轮到女儿来考我了，几次下来，就把我弄得晕头转向，只好认输。

这种“注意看”的游戏还有很多种形式。比如，我给女儿一个有各种图案的小花瓶，让她看一分钟，然后叫她说出花瓶上有几朵花或几条鱼。由于受过长期的训练，她总能准确地说出来。

有时我还让她到一个房间里待一会儿，让她仔细观察房间里的摆设，然后让她出去，我把房间中的某样东西拿走，或是在房间中增加原本没有的东西，再让她回到那个房间，说出房间里的变化。这时她就会说，“少了一个杯子，多了一把扇子……”

有一次，我决定捉弄她一下。我像往常一样，和女儿一起走进厨房，并让她观察里面的摆设。然后，我让她离开一会儿。不久，我又让她回到厨房。我站在门外，让她自己进去。我问她："这回有什么变化呢？"

"咦，怪了……"女儿看看这儿，看看那儿，似乎在考虑什么。"没有什么变化呀！"女儿对我说。

"不，肯定有变化，你好好看看。"我笑着对她说。

的确，她离开厨房后，我并没有动厨房里的东西。但又确实有变化，就看女儿能不能意识到。由于我肯定地告诉女儿说有变化，她就更加仔细地观察起来。我在门外忍不住笑起来。

"你笑什么，妈妈？确实没有变化，你在捉弄我。"女儿不高兴了。

"不，确实有变化。"我对女儿说，"再好好看看……好吧，我提示你一下，厨房里少了一样。"我靠在厨房的门框上，冲她笑着。

维妮弗里德突然意识到了什么。她仔细看了看我，发现我虽然靠在门边，却没有向门里迈进半步。

"哦！妈妈，你真坏。"女儿大叫道，"好啊，你敢耍我，原来厨房里少了个大坏蛋。"

女儿终于明白了。厨房里的东西什么也没有变，只是少了我。因为第一次我是和她一起进去的，而第二次我始终站在门外，没有进去。

平时，我就这样和女儿一起做游戏，不仅训练她的观察力，也训练她的反应能力。

随着注意力和观察力的加强，女儿的记忆力也得到了很快的发展。后来，只要她见过的东西都记得很清楚。每当我和女儿经过某个地方后，就会要求女儿把刚才见到的东西说出来。比如，我们经过水果店后，我就会问她，水果摊上都摆着些什么水果。这时，她就会掰着手指说："苹果、梨、西瓜，还有葡萄……"

我发现，这类游戏对提高女儿的记忆力十分有效。维妮弗里德 5 岁时，几乎能做到任何事物都过目不忘。只要是她读过的书，除了太难太长的，她都能一字不错地背下来。这常常让她周围的人感到惊讶。

有一天，我家来了一位客人。他是我以前的同学，现在是一位著名的儿童教育专家，我叫他大胡子比利，我们这些同学都是这样叫他的。在女儿 2 岁的时候，大胡子比利曾经见过女儿，现在已经有三年没有见面了。由于我女儿很可爱，大胡子比利一进门就把她抱了起来。

"哦，先生，您的胡子怎么不见了？"维妮弗里德一开口就问他。

比利虽然被人称为大胡子，但一年前他由于皮肤发炎，早已不留胡子了。他很奇怪地问女儿："你怎么知道我有过胡子？"

"我当然知道啦，我小时候见过您，那时候可把我吓着了。”小维妮弗里德调皮地对他说。

“斯特娜夫人，你女儿真厉害啊。”比利对我说，“我记得三年前我只是很短暂地和她见过一面，没想到她现在还记得我。”

大胡子比利告诉我，他见过很多孩子，但从来没有见到过观察力和记忆力这么好的孩子。他还问我女儿是否天生就有这种能力。我给他讲了我对女儿的训练方法后，大胡子比利很惊讶，决定把这种训练法运用到他对儿童的教育上，并向他的同行们推广。

4.用“触摸游戏”，培养孩子的修辞能力

我那可爱的小家伙，有着非常惊人的感受力，不仅如此，她从很小的时候起就能很恰当地运用词语来表达自己的感受。在这里，我要说的是如何通过有效的方法培养女儿的身体感觉能力，并且在这一过程中，使她逐渐学会一些有意义的词汇。

小维妮弗里德 6 星期大时，我就给她买了各种颜色的气球，并把这些气球用线轻轻系在她的手腕上，她一动，气球就会随着手的动作而上下摆动。看着她那可爱的样子，我心中的欢喜难以用语言表达。这时，我轻轻对她说:“这是气球，它又圆，又轻。这一只是红色的，那一只是绿色的。”我想用

这种亲身感受的方式，让她体会到红、绿、圆、轻这些概念，同时使她在不经意中学会这些形容词。实际上，这不仅是玩，也是最早的学习。我还发现，这一方式很能引起女儿的兴趣，她非常乐意我这么教她。

小维妮弗里德稍长大一些后，我又给了她一些小木片，有粗糙的，也有光滑的，我想，这些东西一定能帮助女儿感受物体的质感。

在那段日子里，只要是女儿感兴趣的东西，我都会尽可能给她，除非那东西对她有害。在我教育女儿的过程中，决不强迫她去做什么，因为她是个活生生的孩子，必须在很自然的情况下才能发掘出潜能。我努力对她进行各种引导，只是为了不让她的精力无谓地消耗掉。我发现，由于实施了这样的教育，女儿总有事可干，她决不会因无所事事而去咬手指，或者因百无聊赖而沮丧，甚至哭闹。

我的邻居卡丽特丝夫人曾告诉我，她的小儿子整天哭，要么就垂头丧气，或者吮自己的手指头，她总是担心儿子是不是生病了，请医生来看过多次，都说没有什么病。每当她看到我女儿生气勃勃的样子，总是羡慕不已，向我请教带孩子的方法。

有一次，我去卡丽特丝家看望她的小儿子。当我走到孩子身边时，他毫无反应，只是呆呆地望着天花板，而且不停地吮手指，当我试图去抱他时，他突然像受了惊吓似的放声大哭。

“你平时有没有让孩子玩玩具？”我问卡丽特丝。

“什么？这么小的孩子也要玩具吗？”卡丽特丝不解地问。

“当然，我看你儿子整天没精神，就是因为生活太单调了。你不要小看了孩子，别以为他在摇篮里就不需要玩具。你应该为他准备一些能引起他注意的东西。”我对卡丽特丝说，并向她介绍了维妮弗里德平时玩的那些东西。我告诉卡丽特丝：“那些有趣的东西，不仅可以让孩子心情愉快，更重要的是，它们可以从现在开始就开发孩子的智力。”

“什么，这么小就开发孩子的智力？”卡丽特丝更加诧异了。

“当然，我从维妮弗里德出生那天起就开始教育她了。你看她现在那么快活，那么精神，全是这种教育的结果。”我详细地向卡丽特丝介绍了我的方法。

没过多久，卡丽特丝兴冲冲地跑到我家来说：“太神奇了，现在我儿子好像每天都特别高兴，再也不像以前那样死气沉沉了……他好像还总想和我说话，我觉得他想说点什么。”

“这就对了，那么你就和他谈吧！你应该陪他玩，还要有意识地教他一点什么，从现在开始，你应该培养他的能力了。”听到卡丽特丝那样说，我真为她高兴。

为了训练维妮弗里德的感受能力，我这个当妈的可真费了不少心思。我经常和女儿玩的另一种游戏是“蒙眼睛”，这是为了训练她在不用眼睛的情况下去感受身边的事物。我用一块布蒙住她的眼睛，把各种物品摆在她面前，让她用手摸，并说出摸到的物品的名称和她的感觉。比如，当她摸到一个玻璃杯时，我就问她：“这是什么。”

“一个小杯子。”她回答说。

“杯子是用什么做的？”我问。

“是玻璃做的。”

“那么玻璃是什么样的呢。”

这时她会回答：“它很光滑，冰冰凉，还很硬……”

我又问：“那么还有什么东西是光滑、冰凉，又很硬的呢？”

她回答说：“还有金属勺子、叉子，吃饭用的盘子。”

“那么它们有什么区别呢？”

这时维妮弗里德把杯子仔细地又摸了一遍，但还是回答不上来。

“你想想。”我开始提示她，“假如你看得见的话………”

她马上答道：“知道了，玻璃是透明的，而勺子和叉子是不透明的。”

游戏之后，我会让她记住刚才说过的形容词：光滑的、冰凉的、透明的、不透明的。我就是用这一类方法，来培养女儿的感受能力，同时还教会她一些形容词。女儿上学之后，能写出非常漂亮的文章，并且善于使用修辞。我想，这与在她小时候受到的这种训练是分不开的。

在这种游戏和训练之中还会发生许多特别有趣的事，而这些事往往让我们母女俩终生难忘。女儿在后来的日记中曾有过如下这样一段的回忆。

今天，我的作文得了第一名，这真让我兴奋。我想，我能有现在的成绩，完全要归功于亲爱的妈妈。我还记得3岁的时候，有一次妈妈和我玩“蒙眼睛”。妈妈把我的眼睛蒙上之后，把我带到了厨房，并把我的手放进一盆水里。

妈妈问我:“维妮弗里德，你摸到了什么？”

我当然知道那是什么，立即回答:“水。”

妈妈又问:“你有什么感觉？”

我回答说:“冰凉、很湿……”

妈妈问我:“还有什么是冰凉的，什么是很湿的？”

我想了想回答说:“冰淇淋是冰凉的，也是很湿的；还有铁，也是冰凉的，但它不湿。”

妈妈又问:“和冰凉相反的有什么呢？”

我说:“牛奶。”

妈妈问:“那么牛奶给你什么感觉呢？”

我那时候还不知道牛奶有冷热之分，由于每次喝的都是热牛奶，所以在我的印象中它是热的。但我不知道该怎样去表达那种感觉。我想了很久，还是不能回答妈妈的问题。后来，我感到妈妈用毛巾把我的手擦干，并把我的手放进了她的衣服里。我顿时感到了妈妈身体的温暖。

“哦，我知道了，是热的，是温暖的！”我兴奋地喊了起来。

那一天，我不仅明白了冷和热的概念，还学会了使用温暖这个词，我更明白了妈妈有多好。妈妈是那么爱我、关心我，在我的心目中，妈妈是最体贴我的人，因为我在她身上感到了温暖。

今天，老师夸奖了我，说我的作文里有一个句子特别美，那就是：母亲用体温培育了像小鸡那样刚刚破壳的孩子们。老师说我有写作的天赋，虽然这让我感到很高兴，但老师不知道我所谓的天赋完全来自妈妈从小对我的培养。我从心里感谢妈妈。

第四章　语言教育越早越好

在我周围，常常可以听到那些可爱的孩子说出错误的语言：他们把猫叫“喵喵”，把狗叫“汪汪”。可想而知，这些话在他们长大之后是完全用不上的。他们幼年时期的宝贵生命被这种错误语言包围着，如果把这些浪费掉的时间和精力用来学习标准的语言，他们不是能学到更多更好的东西吗?

1.为孩子提供听的环境和说的机会

当女儿说出第一句“话”时，我作为母亲是多么欣喜啊！尽管这一句话是那么含混不清。我顿时感到自己有责任及时地开发女儿的语言能力，因为我知道这是开发孩子智力的最佳手段。

很多父母只注重孩子的身体，而忽略了他们的头脑，这种做法是非常错误的。很多父母只会让孩子自己成长，而不是有意识地鼓励孩子说话。在我看来，这些父母不仅非常无知，而且对孩子不负责任。如果不尽早对孩子进行语言教育，孩子的头脑就得不到很好的发展。许多事实证明，假如能在孩子6岁以前及时教会准确的语言，这个孩子的智力发展就一定会很快，而且速度是别的孩子望尘莫及的；但是，如果过了这个阶段孩子没有接受良好的语言教育，他（她）在这方面能力就会退化，至少学习起来会很困难，甚至有的时显得迟钝。

我对维妮弗里德进行语言教育时，让她的听和说保持同样的进度。在我看来，听和说是孩子学习语言的两只翅膀。因此我尽量为女儿提供听的环境和说的机会。

维妮弗里德小时候听的主要对象就是我和她父亲，我想大概很多孩子都是如此吧。我和丈夫都在女儿很小的时候就同她交谈，让她倾听我们的声音。一开始说话，我就对女儿使用准确的语言。我的发音清晰而缓慢，因为这时她的反应速度没有想象的那么快，耐心地跟她说，不断地重复，对于加深她的理解很有帮助。

女儿每次听到我的说话声，都会有反应，或微笑，或挥手，这时我会立即鼓励她。当她能开口说话时，我就想尽办法保持她说话的热情。到了她能够说出双音词和短语时，我就对她说一些简短的句子，让她慢慢理解。

我常常想，孩子能开口叫“爸爸”、“妈妈”，这就是巨大的进步。从此，孩子就可以用语言与父母交流了。这时，父母应该多鼓励孩子说话，为她创造说话的环境和素材。如果能把握好孩子的听和说两个方面，就掌握了教孩子说话的诀窍，孩子会因此变得越来越聪明，进而去实现更高更远的目标。

维妮弗里德幼年时有一个叫克拉夫特的小伙伴，他比维妮弗里德大一岁，但两个孩子的智力水平相差极为悬殊。维妮弗里德能够运用世界语写剧本的时候，克拉夫特还写不出一个完整的句子；维妮弗里德口齿十分伶俐，而他说起话来磕磕绊绊，不仅如此，克拉夫特在别的方面也显得有些迟钝。

在我的印象里，克拉夫特是个非常自卑和内向的孩子。有一次，3 岁的维妮弗里德拿着她刚写好的诗朗诵给小伙伴们听，那些孩子虽然不怎么懂，但还是不停地鼓掌叫好，只有克拉夫特毫无反应。维妮弗里德问克拉夫特是否不喜欢她的诗，克拉夫特羞怯地低下了头，因为他一句也听不懂，根本谈不上喜欢不喜欢。

克拉夫特的神情真让我感到有些难过，我找到他的母亲询问他的情况。原来，由于克拉夫特的父母工作特别忙，在他幼年时没有时间陪他玩。他的幼儿时期基本上是在孤独中度过的。

我问他的母亲为什么不尽早对他进行早期教育，他母亲说，一方面没有时间，另外也不知道该怎样去教育他。更令人遗憾的是，克拉夫特的父母根本就没有认识到早期教育的重要性，竟然说如果让孩子过早地学习会影响他大脑的发育。当时我感到很痛心，因为正是他们错误的观念，使得克拉夫特不能健康地成长。

我问克拉夫特的母亲，他现在认识多少字。他母亲的回答让我吃惊："现在嘛，他还不识字，我想等他上了学再学习吧。"当时维妮弗里德才3岁，已经能够写诗歌和散文了，而4岁的克拉夫特居然还不识字，我真无法接受这样的事实。

后来，我问克拉夫特："克拉夫特，你想识字吗？"

"当然……但是……恐怕……"克拉夫特拘谨地和我说话，用了很长时间也没把自己的想法表达清楚。

我看看一旁玩耍的活泼可爱的维妮弗里德，又看看站在那儿发呆的克拉夫特，心里有说不出的难受。同样的孩子，为什么一个聪明活泼，一个愚蠢呆板呢？这就是不同的教育所产生的不同结果。当然，克拉夫特根本就不曾受到过教育。抛开别的不说，主要是因为克拉夫特的父母没有意识到早期教育的重要性，也没有意识到培养孩子的语言能力是开发孩子智力的关键，所以才让孩子的天赋不知不觉地丧失了。

克拉夫特的母亲看到维妮弗里德的表现后曾对我说："你有这样的女儿真让我羡慕，她那么聪明、可爱，比我的儿子还小一岁，竟然懂得那么多……唉，我儿子真是没希望了……”

我说：“那么你就赶快对他进行教育吧！”

她说：“怕是不行了，早期教育就算果真像你说的那么好，现在也太晚了。克拉夫特比你女儿还大呢！”

我对她说：“不晚，你儿子才4岁，正是进行早期教育的时候，别再错过时机。我想只要肯努力，就一定会有好成绩的，何况我还可以帮你呢！”

我把教育女儿的方法毫无保留地告诉了克拉夫特的母亲，并建议她从培养孩子的语言能力入手。不久，克拉夫特有了很大的变化，在一年的时间里，学会了读和写，性格也变得开朗起来，再也不像以前那样迟钝了。最后，克拉夫特成了一个聪明的孩子，并成了维妮弗里德最好的朋友，他们六七岁时，我经常看到两个人在一起读书、学习，并且经常在一起谈论诗歌和音乐等话题。

2.用完整的语言对孩子说话

从女儿很小的时候起，我对她说话就像对大孩子说话似的，这一点在前面已经提到过。更为重要的是，从那时起我就用完整的语言和她交流。我认为，尽管当时她还不能完全听懂，但也一定要使她养成将来用完整语言说话的习惯。

由于太爱女儿，我常常仔细观察摇篮中的小宝贝，我发现女儿从小就对人的声音和物品发出的响声非常敏感。我想，别的孩子也一定是这样的吧。据我所知，有些父母也认识到了这一点，并且也在这样做，但是他们中的大多数人忽略了一个特别关键的因素，就是很少有人在孩子很小的时候就用完整的语言和他们说话。

我认为，即使是教很小的孩子说话，如果教的是不完整的语言，那么也毫无意义。假如孩子在早期学到的是不完整的语言，最后就得学会两套词汇，这不仅是对时间的一种浪费，而且孩子长大后还要经历不能正确发音的苦恼。另外，要想使孩子尽早学会更多的语言，这种教育方式的效率就太低了。

我通过观察发现，有很多受过良好教育的人发音不准，语法也不对，这很可能就是他们在幼年时代受了不良教育的后果。我有一位好朋友，是我大学同学，也是一位心理学博士，他就常常为这种发音不正确的麻烦所困扰。

由于他本人就是搞心理研究的，因此非常清楚自己问题的症结。有一天我们邂逅了，他向我分析了自己发音不准的原因，并一再劝我不要用错误的方法教孩子说话。

他对我说:“在我很小的时候，我母亲就开始教我说话了，也许她以为我听不懂完整的语言，所以一开始就没有教我正规的英语。每当她要我看某件东西的时候，不是说：你看这个东西。而是含糊地指示我：瞧，瞧瞧，球球……其实她的意思是叫我看那个玩具皮球，但她并没有明确地教我这个词。我大一点儿之后，一直把球叫做‘球球’，以至于在小伙伴面前出洋相。我小时候不知接受了多少这样的词，像‘果果’、‘圈圈’、‘碗碗’，诸如此类。后来，我不得不花大量的时间和精力去纠正它们。你看，我学语言有多慢，到现在还不能完全掌握两种以上的外国语，大概就是把时间都花在纠正错误的英语上了。

“后来我仔细想了这个问题，由于母亲的教育方式不恰当，使我在不知不觉中学会了一种多余的、毫无用处的语言，就是那些半截子话，把苹果叫果果，把汽车叫车车。虽然对小孩来说它们很形象，也好记，可是现在却根本没有用，因为那不是正确的语言。你以前经常嘲笑我，说我的发音很古怪，这就是那些不完整语言带来的后果。”

这位老朋友说得很对，由于那些不完整的语言就像病毒一样占据着孩子大脑的空间，表面上看，这种语言似乎有利于孩子理解周围的事物，实际上是在破坏孩子的语言感觉。我从女儿出生起，就尽量用标准的英语和她对话，从来不用那些半截子话来损害她的语言感觉。

事实上，根据我的经验，教1岁的婴儿拼音是很容易的事。我认为没有任何理由去教孩子不完整的话。孩子接受知识的能力非常强，他们一旦接受了就会记得特别牢。所以父母应该从小就向他们传授正确而有用的知识，那些错误的知识只会给他们造成难以挽回的损失。

很多父母就像我那位朋友的母亲一样，在教孩子说话的时候总要对他们说一些不完整的话。有时候我觉得很难理解，为什么一定要教孩子将来注定要花精力纠正的错误知识呢？一开始就教他们正确的语言不是更好吗？

在我周围，常常可以听到那些可爱的孩子说出错误的语言：他们把猫叫“喵喵”，把狗叫“汪汪”。可想而知，这些话在他们长大之后是完全用不上的。他们幼年时期的宝贵生命被这种错误语言包围着，如果把这些浪费掉的时间和精力用来学习标准的语言，他们不是能学到更多更好的东西吗？

我认为，教孩子完整的语言是一种高效率的做法。由于我从女儿很小的时候起就教她规范的英语，所以她完全掌握英语只用了很短的时间，在没有浪费任何精力的情况下又掌握了世界语。我想，维妮弗里德并没有什么过人的天赋，她和其他孩子不同的地方，正是她用人家纠正不正规语言的精力又多学了另一种完整的语言。

维妮弗里德1岁多的时候，有位朋友对她说：“看，维妮弗里德，天上有一群飞飞。”

她立即对那位朋友说：“不，那不是飞飞，那是一群可爱的小鸟。”说完，她还用法语把这个句子完整地说了一遍。

3.词语远比语法重要

我相信，孩子一生的语言发展是由婴儿期的语言教育决定的。因此，我一开始对维妮弗里德说话就特别注意使用标准的发音、精选的语法和词句。虽然，女儿有时候不能完全理解某些词汇的意义，但我还是坚持这样做，并耐心地帮助她去理解那些词和句子。

女儿稍大一些后，就表现出了惊人的语言能力。有人问我这是不是由于维妮弗里德的天赋。我总是回答他们说，其实女儿并没有什么过人的语言天赋，只不过是受到了正确的训练罢了。这样一来，就有很多人不时来问我是怎么教育女儿的。

其实，我的方法很简单，就是让她时刻从周围的事物中学习知识。孩子从出生那一刻起，就已经开始自觉地学习和探索了，学习几乎是孩子的一种天性。不仅仅是人，就连动物也是如此。

孩子的好奇心和求知欲非常强烈，只要父母善于利用和引导，无论什么知识他们都能学得很轻松。维妮弗里德还不会说话的时候，我就开始抱着她在屋里走动，让她看屋里的摆设，并缓慢而清晰地说出这些物品的名称。我经常指着某件东西对她说:“椅子、桌子、苹果、窗、床……”我认为，虽然那时她也许还不能说出来，但这些词汇已经在她的脑海里深深地留下了痕迹。

由于我说的全是标准语言，等她能开口说话时，脑海中的记忆就立刻被唤起，因此她很自然地就能说一口标准语言。

孩子都喜欢说话，他们从小就常常独自把学到的单词反复说着玩。维妮弗里德也是如此。自从她开口说话以后，我经常发现她独自一人在地毯上嘟囔，把自己已经学会的词翻来覆去地念。有时候，她一边玩玩具，一边说个不停，“桌上的苹果，宝宝要吃苹果”等等。

从那时起，我就有意识地利用孩子普遍存在的这种念单词的爱好，把我认为女儿能理解又有趣的故事，用精选的词句组成小短文，让她记住。由于那些故事都很有趣，维妮弗里德不仅能很快记住，而且总是饶有兴味地复述着。在她大致掌握了英语之后，我就把这些短文译成各种外国语让她记。我发现，这种做法很受维妮弗里德的欢迎，因为同一个故事居然能用不同的语言来表达，这让她感到好奇，于是就尽力去记住它们。由于她感兴趣，觉得好玩，所以很自然地就把另外的语言也记住了。

从我的经验来看，在人的一生中，1~5 岁可能是语言能力最强的时期。所以我要劝那些年轻的父母，教孩子语言一定要尽早，不要错过孩子学习语言的最佳阶段。

教孩子语言的时候，语法并不是最重要的。因为在实际应用时，用到语法的机会较少，尤其是对孩子来说，更是没有太大必要。因此，在维妮弗里德8岁之前，我从来没有教过她语法。通过听和说来教孩子语言，远比教她枯燥的语法更有效。比如说，我在教她主语和宾语时，并不是向她讲解句子的结构，而是通过直接的对话来达到目的。

有一次，她说了一句有语法错误的话。

“Give I an apple（给我一个苹果）。”她想表达自己的愿望，却用错了词。

我告诉她：“不是give I，而应该说give me.”

她说：“I want you give I an apple.”

我知道女儿没有搞清“I”和“me”之间的区别，但如果给她讲语法，只能使她更糊涂。

于是我就边说边做手势，不停地让她理解。经过多次讲解和举例，最后她终于知道了“I”和“me”的用法。

当她说出“give me an apple”时，我特别奖给她一个大大的红苹果。

4.学习语言的最大秘诀是激发兴趣

在女儿的语言教育方面，我打算让她尽早学好一门主要的外国语。尽管一些语言学家认为，孩子完全可以同时学会两三国语言，但从我的经验来看，这种做法可能会使孩子感到苦恼，孩子一旦对学语言失去了兴趣，就会连一国语言也学不好。因此，在维妮弗里德没有很好地掌握英语之前，我不教她任何一种外语。我认为，无论学什么都要循序渐进，而不能急于求成。

当维妮弗里德的英语说得很流利之后，我就开始教她西班牙语。选择西班牙语作为她学习的第一门外语，我是经过了反复考虑的，我认为西班牙语相对于别的语言来说是最简单的，女儿肯定能够轻松地掌握。

在教女儿西班牙语时，我还是采用教她英语一样的方法，先从训练听力开始，在她掌握了西班牙语后，我又教她法语、德语和拉丁语等。由于教育方法得当，维妮弗里德 5 岁时就表现出了惊人的外语才能，这时，她已经能够用 8 个国家的语言表达自己的意思了。我深切地感到，如果继续教她，她也许能学会 10 个，甚至 20 个国家的语言。

在维妮弗里德学会几种外国语之后，我把她学语言的重点放到了世界语上，在教女儿世界语的时候，我有些后悔了，因为世界语是一种特别简单的语言，据说托尔斯泰只学了一个小时就能用它写信了。如果我再培养孩子的话，我会首先教她英语，然后就只教她世界语，而不再教别的语言。

任何一个孩子在摇篮里就能学会世界语。经过我的教育，维妮弗里德 4 岁时不仅能用世界语读写，而且能熟练地运用它说话了。于是，我决定让女儿在这一年里尝试用世界语写一个剧本。不久，在尤利雅·比阿巴娜女士的帮助下，维妮弗里德写的一个剧本，在一个慈善会上演，并获得了人们的好评。据我所知，这是在美国上演的第一部世界语剧。

从5岁开始，维妮弗里德就热心地教其他孩子世界语。她的教法不仅借鉴了我教她时所发明的各种游戏，而且，她为了达到教学目的，还自己发明了各种新的语言游戏。

女儿5岁时，我为了宣传世界语的优越性，经常在纽约的肖特卡大学讲演。与我同行的维妮弗里德积极配合我的工作。为了使听众了解世界语有多么简单易学，我叫女儿背诵用世界语写的各种诗歌，或者给大家讲故事。女儿的行动使得许多人开始接受世界语。可以说，在美国，维妮弗里德赢得的世界语支持者是最多的。当时，美国召开了一个全美世界语大会。会上，维妮弗里德朗读了普林斯顿大学马库罗斯基教授的诗。由于她还小，个子太矮，所以就站在桌子上朗读。接着，5岁的女儿和年过七旬、满头白发的马库罗斯基教授用世界语作会话表演。这一生动景象打动了许多人的心，在他们的感召下，与会者当中出现了许多世界语支持者。随后，女儿又用普赖厄的世界语读本为听众作了世界语朗读表演。

有一次，在斯宾塞夫人家的走廊上，维妮弗里德为加拿大诺茨库斯大学的一位教授讲解《世界语入门》。一位保守的大学教授对我说："请原谅，夫人，你这样做不对啊！小姑娘这样痴迷，我真担心会影响她的寿命啊！”

我忍不住问他：“我女儿身体虚弱吗？”

他说：“不，外表很难说明问题。但是，一个小孩这样用脑是不会长寿的。”

我道：“是吗？”

为了打消这位好心人的疑虑，我决定让他见识一下女儿的健康秘方。就在我们谈话的时候，女儿出去运动了。她在外面又跑又跳，十分活跃。我和那位好心的教授打趣说：“您瞧，我女儿正在吃药。感谢您对她的关心，事实上，运动就是她最好的药。”

为了向他证明维妮弗里德的健康，我特地找来一个比女儿大两岁的男孩和她一起玩球。我和教授站在树下，边休息边看，当他看到小维妮弗里德无论是投球、跑还是跳都不逊于那个男孩时，才真正叹服了。

我教育女儿，最大的秘诀就是激发她的兴趣，尤其是学习语言，我总是在她充满兴趣的时候让她有效地完成学习计划。只要采取循序渐进的方式，孩子在学习起来就不会感到吃力。相反，她会感到很有趣。在有趣的玩耍之中学习外国语，还有什么问题会让孩子为难呢？

5.想学好外语，就多让孩子和外国人交流

维妮弗里德从肖特卡回到万兹维尔后，就开始给懂世界语的外国孩子写信。她是在世界语年报上得到他们的名字和地址的。女儿从小就是个机灵鬼，总能想出一些巧妙的办法来，不是吗？要换了我，怎么也想不到这样去做。

第一封回信来自俄罗斯，收到信的那天，女儿高兴极了，她为我朗读了信中的内容。那位俄罗斯孩子在信中描述了俄罗斯的地貌、风光和民俗，还在信中给女儿讲了几个有趣的俄罗斯历史故事。从此，女儿就对俄罗斯产生了浓厚的兴趣，读了许多关于俄罗斯的书。

随后，她又和日本、印度的孩子通上了信。她对这些遥远的国度很有兴趣，开始很热心地研究它们的地理状况和风俗习惯。

我见到女儿如此热情，心里感到十分欣慰。我知道，要使孩子对地理产生兴趣，让她和外国孩子通信是个很好的办法，所以我对她的通信一直很支持。而且，通过这种方式，可以增进她与各国朋友之间的相互了解。

不久，维妮弗里德不光是用世界语和外国孩子通信，还用别的外国语给他们写信。她给法国孩子写信时用法语，给俄国孩子写信用俄语，给日本孩子写信则用日语……这么做不仅使她的外语水平有了很大的提高，同时也不失为一种很

好的交流。

有一次，一位日本姑娘给维妮弗里德写了信。那位姑娘在信中表达了对维妮弗里德的敬意，因为她早就听说了维妮弗里德取得的成就，并且在信中请教维妮弗里德学习外语的方法。

维妮弗里德立即给她回了信，详细地介绍了自己学习外语的经验和我的教育方法。这封信女儿是用日语写的。

日本女孩在第二封信中表现出极大的诧异，她说她没有想到维妮弗里德的日语居然那么好，她告诉维妮弗里德："我曾经为自己懂世界语而骄傲，但看了你的信，顿时感到自愧不如，因为我知道，对于你们来说日语是非常难的，但你却学得那么好，真让我羡慕。"

还有一位法国孩子来信说："你简直是个聪明的天才。本来我想用英语给你写信，但是看了你的来信，我打消了这个念头，因为你的法语太棒了，和法国人写的没有什么区别，而我的英语水平远不如你的法语水平，因此这封信我仍然用法语给你写，我不想让你看到我蹩脚的英语，不过你给了我学好外国语的信心。今后我一定要努力学好英语，我相信总有一天我会用很漂亮的英语和你对话的，请你相信我。

"我希望你能到巴黎来。法国是个很美的国家，这里有快乐的人民，还有精美的艺术品。如果你能来法国，我一定带你去看卢浮宫和艾菲尔铁塔，我想你肯定会喜欢的，到那时，我一定要用英语和你说话。”

通过与各国朋友通信，维妮弗里德不仅大大提高了外语水平，还认识了很多远方的好朋友。这样的通信使她的视野更开阔，知识也更丰富了。维妮弗里德曾对我说：“妈妈，我觉得自己特别幸福，因为我又认识了那么多新朋友。他们离美国很远，但我又感到他们是那么近。是语言为我们搭起了桥梁，但是，我亲爱的妈妈，这一切都是你的功劳。”

第五章　让孩子用游戏的方式去学习

维妮弗里德之所以那么热爱学习，完全是因为这种学习太有趣了，她从中感到了快乐。从这一点来看，我可以断定女儿将来会有一个美好的未来。

1.游戏让单调的学习变得生动

开发孩子智力应该尽早开始，而且这种训练必须以游戏的方式进行。不仅人会做游戏，动物也会，我经常看见那些可爱的小动物在尽情地玩游戏。有一次，我看见邻居家的一只小猫在院子里不停地跳来跳去，一会儿打滚，一会儿又转着圈追咬自己的尾巴，有时连一块小石子它都要兴奋地玩一阵。我深受启发，那只小猫不仅是在玩耍，更重要的是它在锻炼自己将来捕鼠的能力。

我想，连动物都知道在用游戏的方式锻炼自己，何况人类呢？对于小维妮弗里德，我该怎么做呢？为了发展女儿有用的能力，我意识到必须利用这种绝妙的办法来教她，越早越好。可以说，我对维妮弗里德的早期教育几乎全是用游戏的方式进行的。

女儿刚满6个月，我就在她房间的四面墙上贴上白纸，再用红纸剪出文字和数字贴在上面。这样，她随时都可以看到它们，从小就对这些文字和数字留下较深的印象。

在白纸的某个位置，我整齐地贴上最简单的词，如猫、蝙蝠、帽子、席子、老鼠、沼泽、狗、猪、圆木。这些都是女儿刚开始认字时最感兴趣，也是最容易理解的词汇。

在另一面墙的白纸上，我并列贴上从1到100的10行数字，在另一个地方画上乐谱图，由于婴儿的听觉比视觉发达，我决定从听觉入手教女儿ABC，有时我让女儿的保姆唱歌，我指出英文字母时，保姆就用唱歌的方式唱给女儿听。当然，由于维妮弗里德当时才6个月，刚开始这些对她来说只不过是耳边风。但是，天天如此，还是非常有效的。不久，维妮弗里德就学会了字母。

接下来，我开始用写有字母的卡片教女儿拼音。首先，我用画册和图片让她看猫的画面，同时教她cat（猫）这个词。我指着墙上的cat，反复发cat的音让她听。然后又从字母盒中选出所有的c、a、t，用这些字母拼写出cat。这种学习，都是我和女儿用游戏的方式进行的，我们很适度地反复练习了一些日子。这种方法很有效，维妮弗里德不到1岁半就能看书了。从这以后，我对她的教育就像顺水推舟一样的轻松。从那时起，维妮弗里德就特别喜欢阅读各种书籍了。

女儿喜欢读书，这让我非常高兴。当然，在维妮弗里德幼年时期，我特别注意培养她有针对性读书的习惯。我认为，无论是学习还是工作，如果毫无目的，那么就会既损害人的精神，也损害人的身体，因此，对孩子来说，有目标的读书是极为重要的。

维妮弗里德很小的时候就写了《和仙女做圣诞节旅行》一书，她在写作时，大约读了三十多种参考书，并且认真研究了各国圣诞节的风俗。她在写《和兔子作复活节旅行》一书时，为了搞清各国复活节的风俗习惯，她跟着我几乎跑遍了匹兹堡所有的图书馆。她写《我在动物园里的朋友》一书时，每天都去动物园，而且想方设法去阅读各种有关动物的资料。

人们看到维妮弗里德那么小就能写书，总会感到困惑不解。我女儿的写作能力让他们感到惊讶，但我倒觉得这并没有可奇怪的，因为这都是我对女儿进行早期教育的结果。由于这种良好的教育是在游戏之中进行的，因此既让女儿学到了知识，又挖掘出她的潜力，还没有给她带来任何负担。

维妮弗里德之所以那么热爱学习，完全是因为这种学习太有趣了，她从中感到了快乐。从这一点来看，我可以断定女儿将来会有一个美好的未来。

2.让孩子对学习充满兴趣

我在上文曾提到，在女儿小的时候，我用钢琴的声音训练她的听力，以此来开发她的大脑功能。实际上，在女儿的幼年生活中，钢琴伴随着她度过了很大一部分时光。

维妮弗里德学会了字母后不久，我就开始教她阅读乐谱，为了使女儿对音乐有体会，我常常和她做下面的游戏。

有一天，我发现女儿坐在房间里闷闷不乐，似乎发生了什么不高兴的事，于是，我就走进她的房间。

"维妮弗里德，你在干什么？"我温和地问她。

但女儿仍然不说话。

我知道，这么小的孩子总会有这种情况，不是莫名其妙地烦恼，就是在幻想什么伤心的事。我想，这时候去追问她烦恼的原因是白费力气，还不如想办法先让她高兴起来。于是我不再问她，而是走到钢琴前。我敲响低音键，有意把音乐弹奏得低沉、凄凉。过了一会儿，我又开始弹高音区，弹了一些节奏欢快、充满激情的乐曲，并尽力渲染这种欢快气氛。

这时，维妮弗里德从房间里走了出来，来到钢琴旁。我看见她一脸好奇和惊讶，并且跃跃欲试，也想弹琴。我抓住这个时机，站了起来，并鼓励她来弹。

维妮弗里德先在钢琴的低音区敲了几个音，又在高音区敲几个音，然后又回到低音区，再弹高音区。

“真怪，为什么它们有这么大的区别呢？”女儿自言自语。

听到女儿的疑问，我开始给她示范，并耐心地讲解。

“瞧，你刚才就像这儿。”我说着敲响了最低的一个音，声音显得很沉重。

“对啊，刚才我就是这样的，心里觉得很沉，有一种很黑的感觉。”女儿对我说。

这时，我又敲响了高音键。

“你应该像这样才对呀！”

“没错，我就想这样，多好听呀，就像蝴蝶在阳光下飞舞。”女儿的情绪好了起来，不停地弹着钢琴的高音区。她一边弹，一边笑，心情比刚才好多了。

后来我告诉她，这就是音乐的魔力，它能表现痛苦，也能表现快乐，我鼓励她做一个快乐的人，要像钢琴的高音区那样明亮、欢快。

在往后的岁月里，维妮弗里德心情不好的时候总会坐在钢琴前，弹奏那些明亮欢快的音符。用她的话说：“音乐能使我从不快中走出来，并且沉浸在美妙的感觉之中。”

此外，我还用游戏的方式教女儿学习钢琴技巧。在我们周围，很多孩子七八岁之后才开始学音乐。由于没有从小受到听力方面的训练，多数人的学习效果都不理想，这常常给孩子们带来烦恼。

很多音乐教师在教孩子音乐时，一开始往往不是教完整的曲调而只是练习技巧，这种枯燥的方式常常让孩子感到厌烦。我认为，技巧练习固然重要，但不能为此牺牲孩子对音乐的兴趣和感觉。

维妮弗里德从小就爱玩钢琴，我就利用她的兴趣鼓励她练习。她很小的时候就能在我的指导下创作出各种曲调，并把自己创作的许多曲子记在笔记本上，和她那些幼年时代的照片放在一起，珍藏起来。女儿长大后，我常常把那些“作品”翻出来看，觉得非常有趣。

为了唤起女儿学习音乐的热情，我发明了许多有趣的游戏。比如，我教她：乐谱的高音线 e.g.b.d.f 就是 Every good boy does finely（每个好孩子都做得很好）的缩写；中间是 face（脸）；低音线 g.b.d.f.a 是 Good boys do finely always（好孩子们总是做得很好），中间的 a.c.e.g 是 A cow eats grass（一只母牛吃草），调的记号也用这样的方法来教。

我有一位朋友，为孩子请了一位小提琴教师。在一年的教学中只练习枯燥的技巧，使得这个孩子不仅没学会音乐，反而对音乐产生了极大的厌恶情绪。还好，我没有那样做，否则维妮弗里德也不会喜欢音乐了。

3.帮孩子找到学习语言的道具

我上大学的时候，发现大多数同学都讨厌学习拉丁语。我认为这是因为他们在幼年时没有打下良好的拉丁语基础。因此，我认为有必要在女儿很小的时候就给她打下良好的拉丁语基础，事实上，维妮弗里德还躺在摇篮里时，我就开始教她拉丁语了。

大家都知道，拉丁语是研究学问不可缺少的工具，因为拉丁语是罗曼斯语的源头。学会了拉丁语，再学法语、西班牙语和意大利语就容易多了。维妮弗里德之所以那么小就掌握了多国语言，完全归功于我自小对她进行的拉丁语教育。

由于婴儿的听力比视力强得多，所以我一开始就利用听的办法教维妮弗里德拉丁语。现在学校里用的是通过图表看规则的办法教拉丁语，我认为这种方法不是最好的，因为它太死板、太机械，不容易激发起学生的兴趣。

维妮弗里德 4 岁时曾和一位拉丁语教师交谈过，但那位教师一点都没听懂。事实上，并不是维妮弗里德说得不好，恰恰相反，她说得非常标准。那位教师听不懂，是因为他只知道语法和认字，也就是说他只善于书面表达，而没有良好的听力。

在我们周围，像这位教师那样学习外语的人还很多，其中不乏拉丁语的大学者，但他们只能看书而不会说。我认为，学习语言最根本的目的就是能听会说，如果只懂句子和语法，语言也就丧失它本身的作用。

根据我的经验，孩子学习语言的能力强得惊人。维妮弗里德刚学会英语时，我教她用十三国语言说“早上好”这句话，她一会儿就学会了。每天早晨，我让她向代表着13个国家的13个不同的玩具，用各国的语言说“早上好”。

这些玩具有大象、狮子、企鹅、鹰、老虎、鲨鱼等等。有时，维妮弗里德会对我说，某个国家是大象，某个国家是狮子，某个国家是鲨鱼。这时，我就让她对老虎、狮子这些动物用各国语言说“早上好”。比如，她用法语对着狮子说“早上好”，用俄语对着鲨鱼说“早上好”。

从那时起，我就有意识地教她一些拉丁语句子，并经常用游戏的方式训练她听和说的能力。这就是“翻译家”的游戏。刚开始，我用英语和维妮弗里德说话，当然，说的都是一些简单的日常用语。诸如:“你好吗？”“很高兴见到你！”这类简单的句子。我让女儿扮演一个翻译家，假装自己是一个出色的翻译家，陪同我这个“外交官”去接见来自不同国家的客人。

我们房间里的桌子、椅子、门窗就是那些外国客人。作为“外交官”，我一边对“客人”说“很高兴见到你”，一边友好地和他们握手。这时，女儿就会在一旁给我翻译，用不同的语言对“远方的客人”说“很高兴见到你”。

时间一天天过去，女儿不仅能说这些简单的句子，而且逐渐能用多种语言表达自己的意思了，从实际效果来看，这些游戏不仅让女儿觉得有趣，而且很容易让她记住这些不同的语言。

维妮弗里德到了5岁，已经能记住《爱丽库斯》第一卷和各个作者的名诗五百首以上。再大一点儿的时候，她能背诵凯撒、西塞罗、利维乌斯亚等人著作的部分内容。

要想有效地学好外语，搞清词源是很有好处的。在维妮弗里德很小的时候，我就教她这样做，尽力使她搞清词源。现在，她已经有好几本关于词源的笔记。每当记住一个拉丁语单词，紧接着就查找由此产生了哪些现代词，并把结果记在笔记本上。不过，这种严肃而带点学究气的方法我用得较少，多数情况下还是采用游戏的方式。因为我认为教女儿外语最有效的方式还是做各种游戏。

我认识一位今年上小学六年级的少女。有一天她对我说："我在班里语法最好，这次考试得了98分。"

我先是向她祝贺，然后问她："你父亲怎么说？"

她回答说："Oh，nathin ; he never say nuthin bout my school grades."（他总是什么也不说。）

我问她："你们老师教过你 nuthin，he don't never say nuthin 这样的说法吗？"

她回答说："I don' t."（不知道）。

我想，考得再好，实际上等于什么也不会，因为这位小姑娘说的英语全是错的。

4.“枯躁”的数学也可以很有趣

在白纸上写字和卡片游戏使女儿学会数数和认数字之后，我用做生意的游戏很快地教会了她数钱。但是，我发现女儿对数字的兴趣远不及其他方面。当我开始教她算术时，发现她毫无兴趣，总是一副无精打采的样子。对女儿来说，再也没有比数学更枯燥的了。当我教她加减乘除时，她甚至感到很厌恶。

我知道，数学的一些东西需要死记硬背，比如加法表和乘法口诀等，但是女儿最不喜欢的就是枯燥的死记硬背。这时，维妮弗里德刚满 5 岁，能说多国语言，在音乐和绘画方面也显露出了惊人的才能。当时她已经在各种报刊上发表了许多诗歌和散文，在历史、文学和神话方面，已经达到了初中毕业生的程度。但是，由于对数学不感兴趣，她在这方面显得很差，连乘法口诀都背不出来。

我不禁担心起来，因为我的理想是让女儿全面发展，把她培育成一个理想而幸福的女人，并成为一个各方面都优秀的、尽可能完美的人。女儿讨厌数学，这很容易使她成为一个片面的人。我认为片面的人不可能成为真正幸福的人，所以看到女儿的这种状况，我常常感到苦恼。

但是，我又不能强迫女儿学数学，这样做显然不行，只能使她更加厌恶数学。就在这时，为了宣传世界语的优越性，我带着女儿到纽约州的肖特卡大学去讲演，有幸在这里遇到了芝加哥斯特雷特女子学校的数学教师布鲁克女士，她在数学方面的教学技巧非常高明。

我向她介绍了女儿的情况，并诉说了我的苦恼。布鲁克女士说:“虽然你女儿数学方面有欠缺，但绝不是片面发展，我看，很可能是你的教法不对。因为你不能把数学讲得很有趣，所以她就不能学得有趣。实际上，教数学也可以和教音乐和绘画一样让孩子们感兴趣，关键要看教学者是否动了足够的脑筋。”

接着，布鲁克女士给我讲了一些她在数学教学方面的经验，并用大量的事例证明了那些方法的良好效果。

那天晚上，我仔细考虑了布鲁克女士的话，最后得出的结论仍然是：兴趣是学好一切的前提。然后我反思了自己教女儿数学的方法，的确存在很多问题。尽管我懂得用游戏的方式进行教学，但由于我本人的兴趣也在文学、历史和艺术上，在教这些科目的时候我会想出很多花样来，所以能使女儿始终保持学习的兴趣和热情。可是我自己也始终对数学不感兴趣，所以教女儿时也一定讲得十分枯燥乏味。为了使心爱的女儿学好数学，我不得不强迫自己去喜欢数学。有什么办法呢？我觉得为了女儿，这么做是值得的，尽管我一直不喜欢数学。

从此，我想方设法改变自己的教学方式，尽力唤起女儿对数学的热情。为此，我还专门下工夫学数学。这样做一方面可以提高我自身的修养，另一方面也可以对女儿的学习提供帮助。

我有意识地利用日常生活中的每一件事，来培养女儿对数学的兴趣。比如，把豆子和纽扣装进盒子里，两个人各抓一把来数，看谁的多；或者在吃苹果时，数数它们有几颗籽；或者在帮女佣剥豌豆时，一边剥一边数不同形状的豆荚中各有几粒豆。

有一次，我在维妮弗里德的每个手指上点上一个小红点，然后和她做数学游戏。

我问她："你手上有几个小红点？"

起初她回答不上来。

我又问："那么你有几个手指头呢？"

她马上回答说："10个。"

我问她："你有10个手指头，每个指头上有一个小红点，那么一共有多少小红点呢？"这时她懂了："当然也是10个。"

我又问："10个减去5个还剩几个？"

她又糊涂了。

于是我把她的一只手放在她的身后，问她：“你看，现在是几个？”

“5个。”

我说：“你看，每只手有5个手指头，那么就有5个小红点。两只手就是10个小红点。把一只手藏起来，就剩下5个了。这就是10减5。你说，10减5等于几？”

女儿想了想说：“等于5。对了，10减5等于5。”

就用这种方法，女儿逐渐学会了10减5、10减2、5加5、5加3等基本的加减法。后来我又用同样的方法教她乘法和除法。

我问她：“一只手5个指头，那么两只手有多少？”

她回答说：“10个指头。”

我告诉她，这就是乘法，叫5乘以2等于10。后来，我把她的脚趾也加了进来，慢慢地，她又学会了5乘4、5乘3、10乘2等等。

有一天，女儿兴冲冲地跑到我跟前对我说：“妈妈，我会乘法了，我知道5乘6是多少，也知道2乘3，还有别的也知道呢。”

我问她为什么。

她说：“我刚才想了想，假如把爸爸也加进来，那么我们就有6只手，每只手5个手指头，一共就是30个，这就是5乘以6等于30。我有两只胳膊，你有两只胳膊，爸爸也是两只，我们三个人就有6只，这就是2乘3等于6。”

后来，维妮弗里德就不像以前那样厌恶乘法口诀了，甚至表现出了极大的兴趣。不久，她就把乘法口诀全背了下来。

由于产生了兴趣，维妮弗里德有很长一段时间都沉浸在学数学的快乐之中，接下来她又学会了代数、几何，数学水平突飞猛进，她已经迷上了数学。

5. 在戏剧表演中塑造孩子的人格

纽约设有专门的儿童剧场，我认为这种剧场有必要多建一些，因为孩子们都喜欢模仿别人，尤其喜欢模仿戏剧和电影里的人物形象。

人们虽然对电影褒贬不一，但我却认为，只要挑选好的影片，电影也不失为一种很有价值的教育手段。我经常带女儿去看好的电影和儿童剧。回到家，母女二人就开始表演。角色不够时，我们就用玩具娃娃和其他物品代替。

我发现，女儿在这种模仿电影和戏剧人物的游戏中学到了很多东西，比如勇敢、幽默、快乐等。由于对电影和戏剧中某些角色的模仿，女儿渐渐学会了与人交往的礼仪和技巧。

有一次，我陪女儿看了一出名为《国王和他的女儿》的儿童剧，该剧讲述的是国王聪明的女儿如何戏弄那些阿谀奉承的大臣的故事。回到家，我和女儿就开始模仿戏中的一个情节。维妮弗里德扮演那位公主，而我扮演的是一个贪婪的宰相。

刚开始，我们尽量按着剧中的情节来演，但是到了后来，女儿就开始自由发挥了。这时，我没有去干涉她，因为这是发挥女儿想象力的好机会。

维妮弗里德昂首挺胸，一副神气活现的样子，神态和举止完全就像个真正的公主，显得高贵雍容。她对我这个狡猾的宰相说："你，宰相大人，别以为你的花招能骗过我父亲——国王陛下，你也别想骗过我。其实，我早就看出了你的野心，你想争夺王位……"

我马上做出胆战心惊的样子："不，不，公主殿下，我对国王陛下忠心耿耿，怎敢有这种邪恶的念头……"

看着女儿煞有介事的样子，我忍不住笑了出来。

"不许笑，你是个宰相，一个大臣，怎么可以这么不严肃呢？简直没有教养，一点儿也不懂礼仪。就凭这一点，我认为都应该判你死刑。"

"哦！对不起，公主殿下，我不是故意的。"我赶紧装出严肃的样子，竭力忍着不笑。

"你知道吗，作为一个大臣，应该自重，一举一动都要合乎礼仪。可你呢，成天嘻嘻哈哈，鬼头鬼脑，怎么能做公众的表率？"女儿严厉地"训斥"了我一顿，并开始"教"我怎样说话，行为举止应该如何。

尽管她的“台词”已经和原剧无关了，但她的神态举止仍然保持着剧中公主的样子。维妮弗里德长大之后，人们都说她的言行举止高雅大方，经常有人来问我是怎么把女儿培养成这样的，其实原因正在那些戏剧游戏。

虽然现在的父母管教孩子不像我们小时候那样严厉，但我认为，仍然有必要教他们礼节。每当我看到那些没有受到良好教育的孩子说脏话，对人粗鲁无礼时，就感到难过。由于现在的很多父母只注重孩子的智力而忽略了对他们的礼仪教育，使得孩子长大之后变得粗俗，直接影响了他们与人交流和友善相处。

第六章　孩子的想象力是父母最大的财富

对于人来说，没有比快乐和幸福更重要的了，而这种勇于面对痛苦并且在逆境中寻找快乐的品质就是坚强。女儿在5岁时就已经懂得了这个道理，用她的话说，一个既坚强又有想象力的人，才是一个幸福的人。

1.鼓励孩子发挥自己的想象力

我们周围有很多人，无论做什么都一板一眼，只讲事实，他们反对想象，不懂风趣，更不知道想象之中也有无穷的生活乐趣。不仅如此，他们还把自己那种乏味的生活态度传给孩子，他们不仅无法把孩子培养成快乐的人，还严重阻碍了孩子想象力的发展，同时也阻碍了孩子潜力的发挥。

莱斯顿教授是我们学院的一位颇负盛名的学者，他对自己所研究的科目可谓兢兢业业。但是在我看来，他是一个只会引经据典而毫无想象力的人。尽管莱斯顿教授很有威望，但他总是板着脸，用一套又一套的清规戒律来教训学生。我们几乎从来没有听到他对学生说：“按你自己的想法去做。”相反，他说得最多的是：“不能这样，不能那样。别胡来，这不规范。”

我钦佩他治学的严谨，但对他那种刻板的，墨守成规的学习和教学方法，感到非常地厌恶。这种死气沉沉的教育方式不仅不能造就优秀的人才，反而会剥夺学生们的生活乐趣。

莱斯顿的儿子卡勒斯和父亲一样，虽然获得了学位，但只是个书呆子。据说，卡勒斯在四五岁时就是个在当地出了名的“小老头”。大家都说他懂事，私下里却又议论说：他怎么一点都不像个天真活泼的孩子，总是板着脸，和他的父亲一个样。

有一次，我偶然得知了卡勒斯小时候受教育的情况。原来，他那种小老头性格并不是天生的，而是他父亲一手造成的。有一次，5岁的卡勒斯拿着自己刚画好的一幅画，兴冲冲地跑到父亲跟前。

“爸爸，爸爸，你看我的画，它漂亮吗？”卡勒斯满怀期望地问父亲，他多么想得到父亲的赞扬啊。

“你画的什么，嗯？一点儿也不像。”父亲给卡勒斯泼了一头冷水。

“哪儿不像呢？”卡勒斯问。

“天空不可能是这种蓝色，还有这些花，画得太大了。”父亲不客气地批评道。

“可是……”

“不要可是，先听我说完。”莱斯顿先生不顾儿子的解释，继续大力讨伐，“胡闹，怎么这儿还有一个小人？人怎么可能飞到天上去？完全不合逻辑。”

“可是，我觉得这样很好。这是我想象的。”卡勒斯辩解道。

“想象？干吗要想象？做事不应该凭想象，应该凭事实。”

“可是，画画的时候想象是可以的。”

“不，不，不能靠想象，想象不能带来任何实际的好处。”

“可我觉得只有想象才能画好，而且，想象会使人快乐。”卡勒斯说出了自己的想法。

“胡说，我就不靠想象，但我不也一样快乐吗？”莱斯顿先生得意地说。

“可是别人都说你太死板，都不愿意和你打交道。”

这句话惹怒了父亲，他给了儿子一耳光。

“一派胡言！一派胡言！我警告你，无论如何，我就是不许你胡思乱想，干什么都必须讲事实。”

从此，小卡勒斯再也不敢说什么想象了，也不再画画。而且，本来活泼的性格也变得阴郁起来。后来，人们发现小卡勒斯变得和他的父亲一样，只会死读书，毫无情趣可言。事实上，虽然莱斯顿父子兢兢业业地做学问，但却始终没有取得多大的成绩，而且他们的生活始终是那么枯燥和孤独。

维妮弗里德四五岁时也喜欢画画，也经常像卡勒斯那样把自己充满想象力的画拿给我看。这时候，我总会极力赞扬她的想象力，至于画得像不像，根本就不重要。不仅如此，我还鼓励她充分发挥自己的想象力，让她再大胆一些。结果，维妮弗里德不仅越画越好，而且心态和性格也越来越健康。

2.不只是艺术家才需要想象力

女儿稍懂事之后，我就开始给她讲那些伟大人物的故事，让她知道想象力对于他们有多么重要。我告诉她，假如一个人没有想象力，他不仅成不了诗人、作家和艺术家，而且也成不了数学家和大律师，更成不了一个成功的商人。

我常常向女儿强调想象力的重要性，告诉她想象并不是胡思乱想，而是开启人类创造力的原动力。

有一次，女儿对我说：“人家都说想象只是艺术家的事，如果不想当艺术家，就什么都要从实际出发，什么都要符合事实。”

听到女儿这样说，我知道她还不明白想象力和实际之间的关系，于是就耐心地告诉她：“从实际出发，凡是切合实际，这当然是对的。但是，有想象力并不意味着不现实。没有想象力的人做什么事都要以实际为准则，常常受到条条框框的限制。这样的人，没有创造新事物的能力和勇气，做什么都缩手缩脚，不可能取得什么成就，只能平庸地度过一辈子。我让你要有想象力，并不是要你什么都靠想象，而是要敢于在实际的基础上开创新的东西。”

维妮弗里德说：“搞艺术必须有想象，这我能理解。可是搞科学研究呢？科学是必须完全以事实为依据的。”

“当然，科学应该以事实为依据，但是，如果没有想象力，科学同样也不会有进步。”

“为什么？”

“如果不是靠最初的想象，人们怎么可能发现水的浮力，又怎么可能发明船呢？如果人们没有想象力，也许我们现在还在住山洞呢。”

“我知道了，如果没有想象力，人们就不可能造出汽车和火车，也不可能过上现在这样的生活。”

“对啊，你现在知道该怎么做了吧。”

“嗯，世界上一切美好事物都是从想象开始的，所以人人都要充分发挥想象力。”

从此以后，维妮弗里德不仅在学习绘画和音乐上尽情发挥自己的想象，即使在平时的游戏和生活中也时常表现出自己的想象力来。

有一次，维妮弗里德和邻居的孩子们一起捉迷藏，小伙伴们都选择有遮掩的地方，大多躲在门后或者院子里的灌木丛里。由于总是这样，所以往往容易被发现。但是这一次，维妮弗里德充分地调动了自己的想象力，没有躲在平时藏身的地方，而是用一大块花布把自己裹了来，明目张胆地躺在沙发上。那些躲着的孩子一个个被找了出来，只有维妮弗里德一个人始终没有被发现。游戏结束后，小伙伴们还是没有找到她，于是都着急起来。他们找到我，说维妮弗里德失踪了。

当时我也觉得很奇怪，房间毕竟有限，维妮弗里德会躲到哪里去呢？会不会跑到外面去了？可是他们玩游戏的时候我始终在门口，并没有看见她出去呀。

"维妮弗里德，算你赢了，快出来吧。"我在房间里喊道，但是始终没有她的踪影。

孩子们也是一边喊一边在屋里到处寻找，但还是没有发现维妮弗里德。大家都觉得这件事很奇怪，都说维妮弗里德一定是消失了，不然怎么会找不到她呢。

我和其他孩子没办法，都站在客厅里猜测她到底躲在哪里。突然，我隐约听到了维妮弗里德的笑声。刹那间，我发现了沙发上胡乱放着的一卷花布。原来如此，她竟然躲在这里。由于维妮弗里德身体很小，加上她蜷缩在角落里，所以不仔细看，根本发现不了她。

我问女儿:“你怎么想到这个办法的？”

女儿说:“别人总以为我会躲在一个不好找的地方，我呢，偏偏就待在客厅里最显眼的地方，你们谁也没想到，不是吗？我想出这个办法，完全是因为我的想象力和别人不同。妈妈，你不是告诉我想象左右着整个世界吗？现在我先用想象左右一下捉迷藏游戏吧。”

3.用神话故事，开启孩子的想象之门

提到神话和传说，很多人认为那是没有用的东西，所以不应该给孩子讲这些故事。我却不这样看，正相反，我经常给维妮弗里德讲那些美丽的神话和传说，因为这是开发孩子想象力的有效方式。事实上，维妮弗里德也非常爱听这些故事。

维妮弗里德和其他孩子一样，也非常喜欢眺望星光璀璨的夜空。这时候，我不会以任何理由去打扰她，而且还会给她讲一些星星的故事。

一个晴朗的夜晚，女儿像往常一样坐在院子里的椅子上

眺望星空。她看得出神，似乎在思考什么。

“维妮弗里德，你在想什么？”我轻轻走到她的身边。

“我在想，星星上是不是真的有仙女。”

“那么你认为呢？”

“有，一定有。”

“为什么？”

“你看那些星星，又干净，又明亮，一定是那些仙女把它们打扫干净的。否则，它们怎么那么亮呢？”

“是啊，我也是这么想。所以你也要像仙女一样勤快，把身边的东西收拾得干干净净的。”

“那么，天上究竟有多少星星呢？”

“啊，这个问题可不好回答。因为我认为天上的星星太多了，多得数也数不清，恐怕谁也不知道。”

“哦！这么说，世界上的仙女多得数也数不清喽？”

“当然啦。”

“可是，为什么我总是看不到她们呢？”

“维妮弗里德，你要知道，仙女并不是什么神奇的人。我认为一个人只要勤劳、善良，有一颗美丽的心灵，那么她就是一位仙女。”

“这么说，我也能当仙女喽！”

“当然，不是早就有人说过你像仙女一样可爱吗？”

我这么一说，维妮弗里德高兴地笑了。然后继续提她的问题："星星上到底有什么？上面也住着人吗？"

"这个，嗯，我也说不清。不过我知道现在有很多天文学家正在研究这个问题。"

"天文学家？"

"是的，他们就是专门研究宇宙的科学家，他们的工作就是解开宇宙的奥秘。比如说，太阳上有什么？月亮上有什么？那些星星离我们有多远，等等。"

"这么说，天文学是一门很有趣的科学。如果我也能研究天文学该多好啊！"

"这有什么难的呢？只要你努力学知识，等你长大了完全有可能做一个了不起的天文学家。"

从那以后，维妮弗里德又迷上了天文，整天要我给她讲关于宇宙的故事。我当然会尽量满足女儿的求知欲，我不仅给她讲相关故事，还专门为她买了一些有关宇宙的配图书籍。

维妮弗里德到了4岁，已经掌握了大量的天文学知识，她懂的东西要比同龄的孩子多得多。我经常看见维妮弗里德和小伙伴们聚在一起探讨世界的奥秘。通常是女儿当主讲，别的孩子围在她身旁静静地听着。

有一次，女儿给小伙伴们讲了太阳系的奥秘，别的孩子从她那里学到了很多东西，并为她的学识感到诧异。

"你们知道吗？我们生活在宇宙中的一个小星星上。"维妮弗里德说。

“什么？小星星。地球那么大，怎么是小星星呢？”

“不对吧，我们生活在大地上。”

“瞎说，我们明明生活在城市里。”

孩子们议论纷纷，好不热闹。维妮弗里德拿出自己的书，翻到画有太阳系的那一页给伙伴们看。

“你们看，这就是地球，这是火星，这是水星……这些星球都围着太阳转。”维妮弗里德一边翻着书，一边向孩子们解释。

“可是，你为什么说地球是个小星星呢？”

“当然是个小星星。你没看见在这张图里，地球只是个小点点吗？你们看，太阳系包括九颗行星和太阳。可是在宇宙中，像太阳系这样的星系多得数不清。想想吧，这样一来，地球在整个宇宙中不是成了小星星了吗？”

“可我觉得地球很大，因为我父亲到世界各地旅行过，用了好多年都没有把整个地球走遍。”一个孩子不服气地说。

“这很正常呀，地球再小，也比人大得多。这只能说明人在宇宙中就更小了。”

就这样，维妮弗里德从眺望星空开始喜欢上了天文学，进而掌握了大量的自然科学知识。她先是对神话和传说充满想象，然后逐渐变成了对科学的自觉探索。

4.想象力让孩子更加乐观坚强

在女儿小的时候，我经常对她说，再也没有比拥有丰富的想象力更重要的了。我告诉女儿，一个在童年时代充分发展了想象力的人，即使遇到不幸，也能从不幸中找到幸福。这样的人，就算陷入贫困之中，也能感受到生活的快乐。缺乏想象力的人，只会在生活中屡屡失败，而永远不会取得什么成就。

有一天，维妮弗里德告诉我，她的小伙伴托尼这几天垂头丧气的，似乎对什么都提不起兴趣，对什么都没有信心。原来，托尼生了一场大病，成天躺在床上。由于不能到外面和其他孩子一起玩，所以心情非常沮丧。

有一次，维妮弗里德去看望他，并特意给他带去了有趣的书和漂亮的图片，但托尼好像一点兴趣也没有，还说这些东西没用。

为了帮托尼摆脱坏心情，维妮弗里德给他讲了一些有趣的故事，但他还是一点反应也没有。

"难道你就不能想象一些美好的事吗？"维妮弗里德问托尼。

"想象？想象管什么用？"托尼回答说。

"想象可以帮你摆脱生病的痛苦，还能使你的心情变好。"

"不，我可不这么看。我看想象没什么用，我只想病快点好，我好出去玩。"

“可是在你病没有好之前是不能出去玩的，你为什么不读读书，看看漂亮的图画来摆脱坏心情呢？”

维妮弗里德劝他试着通过想象来获得快乐。

“这样做有用吗？”

“当然，有一次我生病，就是用这个办法使自己高兴起来的。”维妮弗里德开始介绍自己的切身体验，“那次我病得可重呢，可我一点也没有垂头丧气。虽然我必须躺在床上，不能出去玩，但我在床上总是闭上眼睛想象那些美好的事情。我想象我在草原上跑，草原上到处是鲜花；我想象我在蓝天上飞翔，穿过那些棉花一样柔软的白云，真是有趣极了。慢慢地，我就忘记了生病的痛苦，变得开心起来。”

“真的吗？如果真是这样，我一定试一下。”

托尼受了维妮弗里德的影响，也想体会一下想象的乐趣。可是，无论他怎么努力去想象美好的东西，却总是不能进入状态。他一闭上眼，想到的就是自己正在生病，只能躺在床上，不能出去玩。最后，他只好说想象不起作用，心情依然如故，还是不能摆脱疾病的痛苦。维妮弗里德给他讲故事、读书，他听不进去，仍然陷入坏心情中不能自拔。

生活中像托尼这样的人也许还很多。他们没有想象力，也没有乐观向上的精神，一有困难就怨天尤人，既不能从自己的内心里找到快乐，也无法尽快从痛苦中走出来。

维妮弗里德从小就有过人的想象力，这不仅对她智力的开发起到了非常关键的作用，也为她乐观的性格打下了很好的基础。维妮弗里德5岁时，她的舅妈不幸去世了。平时舅妈特别疼爱她，她们之间有非常深的感情。一听到舅妈去世的消息，维妮弗里德就陷入了极度的悲痛之中，为此不知痛哭过多少回。但是有一天，维妮弗里德突然不哭了，还去安慰暂居我家的舅舅。5岁的女儿居然像大人那样劝舅舅不要太难过，顿时把她的舅舅弄得摸不着头脑。

她对舅舅说："亲爱的舅舅，别再难过了。我知道你很爱舅妈，但这也是没有办法的事。舅妈是个善良的人，我想她现在一定到了天堂，她一定会得到上帝的爱，她的生活一定很幸福。"

听到女儿这么一说，我也赶紧去安慰我那可怜的弟弟，说人死不能复生，必须自己去面对未来的生活。

事后，我问维妮弗里德怎么会想到去安慰舅舅。她说："我想，舅妈是个好人，她虽然去世了，但她的灵魂会得到安息的。我想舅妈现在一定坐在天空的云彩上，在天堂里享受幸福，所以我也就不再难过了。我看见舅舅那么难过，就想让他也像我这样想。不管怎么说，痛苦总是没有好处的。我希望舅舅也能快点高兴起来。"

听了维妮弗里德的话，我感到十分欣慰。因为女儿这么小就能乐观地看问题，那么她长大之后在生活中遇到困难和痛苦时，就有能力接受命运的考验，不至于被挫折击垮。

也许有人会说，靠想象来摆脱痛苦是一种自我逃避。我却不这样认为，在我看来，无论使用什么方法，只要能把自己从不幸中解脱出来就是一件好事。因为对于人来说，没有比快乐和幸福更重要的了，而这种勇于面对痛苦并且在逆境中寻找快乐的品质就是坚强。女儿在5岁时就已经懂得了这个道理，用她的话说，一个既坚强又有想象力的人，才是一个幸福的人。

5.不用教条的东西限制孩子的想象力

为了使维妮弗里德的想象力得到更好的发展，我经常和她一起表演神话和传说中的情节。一般情况下，表演都需要一个背景。可是，我和女儿在表演时往往没有背景，因为这样更能充分地发挥她的想象力。

创办儿童剧场的阿里斯·彭尼·赫茨女士曾经说:“如果儿童剧场的布景和服装过于逼真，孩子们就没有想象的空间了，这样反而不利于他们发挥想象力。当今教育的弊病就在于过于现实，没有使孩子的想象力得到充分的发展。”我认为赫茨女士的观点非常正确，所以，我在与女儿一起表演时，尽量给她自由发挥的余地，而不用那些教条的东西去限制她的想象力。

有一次，我和维妮弗里德一起表演一个王子与公主的故事。故事是这样的：魔鬼抓走了年轻的公主，把她关在一个偏僻的山洞里。深爱着公主的王子找了很久，终于找到了那个山洞，并勇敢地与魔鬼进行了搏斗，最后打败魔鬼，救出了公主。我们经过商量，由维妮弗里德扮演王子，我扮演公主，由于这个故事主要是表现王子的勇敢，维妮弗里德就主动要求演这个角色，她想做一次英雄。

表演开始了，维妮弗里德手持“宝剑”和想象中的魔鬼奋力搏斗，不停地痛骂邪恶的魔鬼。在原来的故事中，王子是骑着马去的，但是维妮弗里德的表演却远离了原来的故事内容。她没有骑马的动作，而是不停地用手臂做出飞翔的动作。她一边“飞”，一边用“宝剑”刺杀魔鬼，并且想把公主抱起来一起飞走。演着演着，她就说错了台词，不再叫我“公主”而是叫我“妈妈”。她不停地喊：“妈妈，快跟我来，我们一起飞到天上去。”我当时差点笑出声来，但仍然没有打断她，也没有去纠正她。因为我认为这种表演的目的是要锻炼女儿的想象力，不一定要照本宣科地演。

表演结束后，我问女儿：“你为什么要飞翔？故事里的王子本来是骑着马的呀。”

维妮弗里德对我说：“我本来是骑着马的，可是后来我想到公主一定正在山洞里忍受魔鬼的折磨，我觉得骑马太慢了，索性就飞了过去。我飞起来去救人有什么不对吗？”

“没什么不对，我觉得你演得好极了。我也觉得飞翔比骑马好，这样更有想象力，更能够表现出王子的心情。”

我夸奖了女儿，以鼓励她大胆想象的勇气。

“是啊！飞翔的感觉太好了。”女儿兴奋地说。

“哦，飞翔的感觉是什么样的，你能给妈妈讲讲吗？”

“飞翔呀，让人觉得很愉快。我好像听到耳边有呼呼的风声，我好像飞得很快，并且看到了大地上的山川和森林。那样的画面多么美啊！”

“那么公主呢？你认为她会有什么感觉？”

“公主当然很高兴，因为她摆脱了魔鬼的控制。我想那个可恶的魔鬼一定在地上气得发抖，他看到我们飞得又高又快，拿我们一点办法也没有，他一定会气死。哼，气死活该。谁让他干坏事的。”

“后来又怎样了？”我问女儿。

“后来？我们还没演呀！”

“虽然没有演，但你可以接着往下想象嘛。你想想，救出公主后，你该做些什么？”

“救出公主后……”维妮弗里德想了想说，“救出公主后，我先带她去见国王，让父女俩见面，然后……”

“然后怎样？”

“然后我就会请国王把公主嫁给我。”

听了女儿的回答，我忍不住大笑起来。

“妈妈，你笑什么？有什么不对吗？”女儿有点迷惑。

“没有，没有什么不对。很合理的结局啊。”

看着女儿天真的神情，我真为她感到欢喜，她的表演那么生动，那么富有激情。甚至表演结束了，还能够按着故事的线索继续往下想象。从这一点来看，女儿的想象力已经得到了很好的开发。

为了培养女儿的想象力，除了用这种形式进行表演，我还和女儿各交了一位想象中的朋友。我的朋友叫内里，女儿的朋友叫鲁西。当我们远离身边的朋友住在乡下时，我们就请出这两位想象中的朋友，这样我们就可以四个人一起玩了。有了这个办法，即使维妮弗里德独自一个人待着也不会感到孤独和寂寞。我认为，这对她快乐性格的形成很有好处，不仅加强了她的想象力，也给她的生活增添了不少的乐趣。

6.让孩子按照想象力自己动手做玩具

许多父母为了让孩子高高兴兴地玩，就为他们买各种各样的玩具，虽然这样做是出于对孩子的关心，但实际上对孩子并没有什么好处。因为这些玩具只能帮孩子打发无聊的时间，而对他们的教育没有任何好处。

我认为，孩子的玩具不应该包罗万象、应有尽有，因为东西太齐备会影响孩子发挥自身的能力，妨碍他们主动运用想象力。玩具不应该仅仅用于玩耍，而要对孩子产生积极的影响。所以，我从不给维妮弗里德太齐备的玩具。

从维妮弗里德很小的时候起，我就只给她布娃娃和橡胶娃娃。她可以跟这些玩具说话，还可以和它们一起睡觉，这样，通过这些玩具就可以锻炼她的想象力。

我不仅不给维妮弗里德买太多玩具，还让她自己制作玩具。有时我会给她剪刀和碎布，教她缝制布娃娃的衣服，让她从小就学会一些基本的生活技能。

为了让女儿学会这些小技能，我往往先用碎布做一两个样品给她看，然后让她学着做，以锻炼她的动手能力。可是，女儿往往会出人意料地搞一些发明创造，而且常常比我给她的样品还要好。

有一次，女儿兴冲冲地跑到我的跟前，双手举着两个不同的布娃娃，它们都穿上了不同的“新衣服”。

“妈妈，你看哪一个更漂亮？”

我仔细看了看，女儿左手拿的那个布娃娃穿的是我做的衣服，右手拿的那个穿的是她自己做的衣服。我做的衣服很正规，像真的一样，而女儿做的那套衣服却很有创意。她把裙子做得特别长，像孔雀尾巴一样向后撒开，看上去非常华丽，另外，在颜色搭配上也有不少独到之处。

女儿见我不说话，有些着急了：“妈妈，快说呀，哪一件更漂亮。”

“当然是右边的漂亮，你看它多么华丽呀。”

“那么我可以穿这样的衣服吗？”

“当然，你应该穿漂亮的衣服。”

“真的吗，明天你给我做一套好吗？就照这个样子做。”

“维妮弗里德，我很愿意为你做，可是，这样的服装太奇怪了，穿着它上街恐怕不大好。”

“你的意思是说它不好看？”

“不，我不是这个意思。我是说这样的服装更适合在戏剧舞台上穿，因为它很有艺术性。这样吧，如果下次你要参加什么演出，我一定给你做这样一套。”

圣诞节那天，维妮弗里德穿着她自己设计的服装参加了一个很精彩的节目，受到了小伙伴们的称赞，那一天，女儿高兴极了。在后来的日子里，女儿不仅为自己设计演出服装，还为别的孩子设计。

我的衣柜里至今还保存着女儿设计的那套服装。每当我看到这套具有纪念意义的衣服，就会想起女儿小时候可爱的样子，同时为女儿从小形成的丰富想象力和创造力感到骄傲。

第七章　正确引导孩子的各种习惯

无论好习惯还是坏习惯都不是天生的，而是在生活中一点一点地养成的。在使孩子养成好习惯的问题上，父母应该耐心细致地给孩子以正确的引导。

1.把难题留给孩子自己解决

我认为，一个人是否具有独立思考与判断的能力，往往是这个人能否成功的决定因素。为了使女儿从小养成独立思考的习惯，我的办法是尽量让她自己的事自己做，并耐心地听她讲自己的想法。在学习方面，我不会随便帮女儿解决什么问题，甚至连提示也很慎重。因为对孩子来说，通过独立思考去解决问题的过程才真正有意义，相比之下，是否能够正确地答题倒不是那么重要了。这样不仅能够使女儿养成主动学习和解决问题的好习惯，也有利于充分开发她的智力。

有一次，我正在书房里写论文，丈夫走进来对我说："亲爱的，你去看看我们的女儿怎么了，她已经在房间里待了很长时间了，早就过了学习时间，到现在还没有出来。"

于是，我和丈夫一起去敲女儿的门。

"维妮弗里德，你在干什么？"

"我在做功课。"

"你看看，现在几点了，该休息了！"

"可是这道题我还没有做完呢。"

我和丈夫对视了一眼，知道女儿一定是遇到难题了，否则不会花那么长的时间。要是在平时，维妮弗里德早就做完了功课，现在已经开始练习钢琴了。

"维妮弗里德，把门打开好吗？让我来看看什么题这么难。"丈夫在门外对女儿说。

女儿过来开了门。丈夫仔细看了看那道题，确实非常难。

"维妮弗里德，我来帮你吧。你看这里，应该……"

"等一等，爸爸。"丈夫的话还没说完，就被女儿打断了，"我不需要别人帮忙，虽然它很难，但我一定能做出来。"

"我不是要帮你答题，只是想提示你一下。"丈夫说。

"提示也不要。因为这种题的难就难在那一点上，如果别人告诉我问题在哪儿，也就等于帮我做了。"女儿不同意她父亲的建议。

看到女儿这样，我知道我们着急也没用。因为我了解她，她一定会坚持自己解决那个难题，别人劝也白劝。于是，我向丈夫递了一个眼色，就走出了女儿的房间。快吃晚饭的时候，女儿终于从房间里出来了。我和丈夫都不安地看着女儿，唯恐她为做不出那道题而不高兴。果然，维妮弗里德闷闷不乐地坐到了餐桌前，什么话也不说，有意无意地拨弄着勺子和叉子。

“维妮弗里德，怎么？那道题还没有做出来？”我问道。

“是的，那是我遇到的最难的一道题。无论如何也做不出来，好像上了一道解不开的魔咒。”

“不如这样吧，一会儿让爸爸教你，他可是这方面的行家。”我说。

“好了，好了，我的小女儿，没关系，一会儿我来帮你。”丈夫为了让女儿高兴，也这么说。

“不，我不要你们帮忙。让我自己来解决这个难题，我想我一定能做到的。”

吃完晚饭，维妮弗里德立刻走进自己的房间。我和丈夫拿她没办法，只好由她去。又过了一段时间，女儿兴冲冲地从房间里跑了出来，手里举着一张纸，那是她的答案。

“爸爸，妈妈，做出来了，我做出来了……”听到女儿的欢呼声，我和丈夫的心情也顿时好起来。丈夫跑过去把女儿抱了起来。

那天晚上，女儿不停地对我和丈夫讲她解题的过程，她遇到了什么困难，是怎么想的，后来又是怎么发现了解题的关键所在，最后怎样解开了难点。女儿自豪地对我们说：“今天我特别高兴，比过圣诞节还高兴。因为我完全靠自己的努力解决了困难。我想，我以后再也不会怕那些难题了。”

的确，女儿应该为她的行为感到自豪。不仅是她自己，我和丈夫也为她感到骄傲。因为我们的小女儿已经成了一个不怕困难、意志坚强的人。经过这一次磨炼，维妮弗里德的毅力和独立思考的能力都有了很大的进步。在后来的漫长岁月里，女儿总能够自己解决自己的问题，从来不像其他孩子那样依赖别人。我想，女儿的这种品质，会为她将来的人生道路打下坚实的基础，并为她以后取得杰出的成就创造了优越的条件。

2.少时不专心，长大不成器

小维妮弗里德兴趣十分广泛，有很多学业之外的爱好。但是，她并没有因为这些爱好而影响正常的学习。很多认识女儿的人常常提出这样的疑问，维妮弗里德有那么多业余爱好，怎么可能把功课学好呢？她有足够的时间来学习吗？人们有这样的疑问是很正常的，一般说来，孩子的业余爱好太多，的确有可能影响正常的学习，不过，只要时间安排合理，让孩子养成良好的学习习惯和高效的行为风格，那么，就算学习的科目和业余爱好都很多，也不会互相干扰。

维妮弗里德之所以能处理好学习与爱好之间的关系，完全是靠她从小养成的专心致志的学习习惯。她能弹琴、喜欢绘画、从小就读了大量的书、而且还掌握了多国语言，另外，她无论在数学、地理还是体育方面也都非常出色。她从小就懂得专心致志的好处，深知不专心就不可能做好任何事情。

无论好习惯还是坏习惯都不是天生的，而是在生活中一点一点地养成的。在使孩子养成好习惯的问题上，父母应该耐心细致地给孩子以正确的引导。

我的小女儿两三岁时，也和别的孩子一样，爱好庞杂，而不能集中精力去做一件事情，什么都想学，却往往什么也学不精。

有一次，小维妮弗里德在房间里手忙脚乱地摆弄她的那些宝贝。时而拿起画笔在纸上涂几下，时而捧着书翻一翻，时而又要去弹弹琴。结果是忙得不亦乐乎，却什么也没有做好。后来，女儿满脸不高兴地跑到我的跟前。

“妈妈，我不想学了。”她冲着我喊道。

“不想学什么了？”我问她。

“什么也不想学了。”

“为什么？”

“烦死人了。学那么多东西，都快把我搞得发疯了。”

“为什么，学习怎么会让人发疯呢？”

“事情太多了，我都不知该怎么办才好了。我刚拿起笔准备画画，就想到书还没看，我去看书吧，又觉得该练琴了。”

“那么你应该一件一件地做呀！”

“一件一件地做，可是没时间啊！”

我了解女儿的性格，她是个非常认真的孩子，想把所有的项目都学好，因此就产生了急于求成的心理，以至于失去了内心的平静，变得焦躁不安起来。

“怎么会没时间呢？”为了使女儿平静下来，我耐心地告诉她怎样合理地安排时间。

“你打算每天用几个小时来学习功课？”我问她。

“两个小时。”女儿回答说。

“那么画画和弹琴用几个小时？”

“画画用一个小时，弹琴也是一个小时。”

“对呀！总共才用去 4 个小时。而一天有 24 个小时，除了睡觉、吃饭、玩，你的时间还有很多呀！”

“可我怎么老觉得时间不够用呢？”

“这是因为你自己安排得不好。”

“那我应该怎么安排呢？”

“我看你的时间很好安排，关键是你要让自己平静下来。”

“唉，我就是静不下来，心里总是着急。”

“我知道你为什么会着急，因为你不能集中注意力去做一件事情。你在做任何一件事的时候，最好把其他的事情完全抛开。比如说，看书的时候就完全不去想画画和弹琴，等到画画的时候再想着画画，弹琴的时候再想着弹琴。这样，注意力不就集中了吗？”

“这样有用吗？”

“当然。”

“好吧，我试一试。”

于是女儿又回到了自己的房间。没多久，维妮弗里德又来到我的房间。

“妈妈，这个办法真的有效。我一点也不急，反而把事情都做完了。现在我准备弹琴了。”从此，维妮弗里德养成了专心致志的习惯。无论有多少干扰也不能使她放下正在做的事情。到了女儿四五岁时，这种好习惯已经在她心中根深蒂固了。大家都说，维妮弗里德是一个个性很强的孩子，因为没有人可以轻易地干扰她正在进行的工作。

维妮弗里德5岁生日那天，我们为她举行了一个生日晚会，请来了很多客人，她的那些要好的小伙伴也在其中。大家都聚在客厅里吃东西、聊天，只有维妮弗里德没有出来，因为她正在自己的房间里做功课。为了不让客人久等，我必须去叫她。

“维妮弗里德，该出来了，客人们都在等你。”

“生日晚会8点开始，现在才7点40分。还有20分钟呢，我必须先把功课做完。”

“可是，外面来了那么多人，你还有心思做功课吗？”

“我不急。你不是总对我说无论做什么都要专心致志吗？”

3.告诉孩子：你一定能做到最好

现在回忆起来，我可爱的女儿从小就非常要强，即便是四五岁的时候，她也要求自己无论做什么都要尽力做到最好。在我的印象中，这是她和其他孩子最明显的一个区别。一般来说，孩子都很贪玩，只要能够把自己的事做完就已经很不错了，很少有孩子主动要求把事情做到超出自己的能力范围。维妮弗里德则不一样，她不仅能按大人的要求去做一件事，还常常自己想办法把事情做得更好。

由于女儿从小喜欢画画和弹琴，所以结识了一群有相同爱好的小伙伴。他们有的是我们邻居的孩子，也有的是我和丈夫的同事或朋友的孩子。几乎每个周末，这群孩子都会不约而同地聚在一起，或画画，或弹琴，并经常互相交流各自的学习心得。

为了让他们能更好地交流，也为了给他们一个欢乐的周末，我和这些孩子的父母们经过商量，为他们举行了一次钢琴比赛。

当然，这样的活动不像正规的音乐比赛那么严格，主要是为了使孩子们玩得高兴。所以，孩子们演奏钢琴时，可以自己选择曲目，也可以不断重复一首乐曲，直到孩子自己满意为止。

那个下午，我们家热闹非凡。大约来了七八个孩子，几乎都是从两三岁就开始学音乐，都有自己的长处。有些孩子还颇有音乐家的风范。

由于孩子们年龄都特别小，几乎没有一个人能把整首曲子不出差错地演奏下来。尽管如此，孩子们还是很有热情地参与。他们一个接一个地走到钢琴前演奏自己熟悉的曲子。有的演奏刚入门的练习曲，有的演奏简单的民谣或儿歌，有的甚至只弹一两段音阶。

有一个名叫威廉斯的孩子，完整地弹完了一首简单的乐曲，顿时赢得了所有人的欢呼。也许由于他是今天唯一能够连贯地演奏而不犯错误的孩子吧，人们都不约而同地站起来为他鼓掌喝彩。这个孩子也非常自豪而有礼貌地向大家鞠躬行礼，其风度俨然是一个真正的钢琴演奏家。

“维妮弗里德，你看威廉斯多棒啊，他弹得非常流畅。”我拍拍女儿的肩膀，意思是她也应该像威廉斯那样。

“是的，我也觉得他弹得很好。”女儿悄悄地对我说，“我也能弹好。”

“我相信你也能做到，但是上场后千万不要紧张。”我知道，小威廉斯的演奏激起了维妮弗里德的好胜心，所以我提醒她不要求胜心切而导致发挥失常。“我知道你平时也能弹得很好，但是这么多人看着你，可能会影响你集中精神，所以你一定要保持平静。”

女儿听我说完，向我点点头说:“没关系，我才不怕大家看着呢，等一会儿你看我的好了。”

过了一会儿，轮到维妮弗里德上场了。她走到钢琴前，深吸一口气，并向我这边看了一眼。我知道女儿肯定会紧张，因为小威廉斯的演奏给了她一种压力。于是我向女儿点点头，示意她不要受外界干扰，专心致志地弹琴。

音乐响了起来。我从传来的琴声之中隐隐感觉到女儿有些紧张，弹得不像平时那样稳，而且不太流畅。果然，在弹了几个段落之后，女儿弹错了，琴声停了下来。我始终注视着女儿，用一种支持的眼光看着她，鼓励她继续弹下去。

女儿可能感觉到了我的心声，她鼓起勇气，从头开始弹。可是，才弹了两个乐句，她又弹错了。就这样，维妮弗里德不是出错，就是忘了乐谱，反复停顿了多次。我感到她心里焦急起来，就走到她身边。

“维妮弗里德，今天是不是状态不好？”我小声问道。

“不知道为什么，今天总是出错。”

“那么，下来休息一会儿。先让别的孩子演奏吧。等你状态好了之后再弹。”

维妮弗里德看了我一眼，又快速地瞟了一眼其他人。也许是知道现在有很多人在看着她，她的脸一下子就红了。

看见女儿的窘态，我赶紧小声安慰她：“没关系，大家都是很熟的朋友，没有人会笑话你的。你的琴弹得好，大家都是知道的，他们都能理解你。再说，谁都有发挥不好的时候。去休息一会再弹，好吗？”

“不，妈妈，我不能这样下去。我不能让别人看到我不行。”女儿说道。

我知道女儿的脾气，她是绝不肯半途放弃的。面对这种情况，我知道再说也没有用，我能做的只是继续鼓励她。

“那么，好吧，你先做一下深呼吸，让自己平静下来，然后全身心投入到演奏中去……”

我刚转身离开钢琴，女儿的琴声就响了起来，这一次，女儿真的把一切杂念都抛到了脑后，她的演奏不仅完整，而且还表现出了她对音乐的独特理解，十分感人。当她演奏完那首曲子，站起来向大家致意的时候，所有的人都从座位上站了起来。大家不停地鼓掌和喝彩，还有人不停地喊着她的名字。

“维妮弗里德……维尼弗里德……”

“太棒了，维妮弗里德，太棒了！”

后来我问女儿为什么突然弹得那么好了？女儿说：“我看见那么多眼睛盯着我，我为自己的失误感到惭愧。我想，我一定不能在他们面前丢脸，我一定要做到最好，所以后来我就像中了魔法似的，也不知道为什么，状态突然就好了起来，似乎弹得比平时还要好。”

听女儿说完，我心里非常高兴，因为把女儿培养成一个有勇气的人是我最大的愿望，而女儿这一天的表现已经可以证明，她正是这样一个人。

“我一定要做到最好！”这句话多么令人激动啊，事实上，维妮弗里德一直是这样要求自己的，不仅是音乐和绘画，在别的方面也是如此。

4.没有什么事可以马虎对待

为了使女儿长大后能够取得非凡的成就，我从她很小的时候起就要她为自己定下比较高的目标。因为只有对自己有高要求的人才会有强烈的成功愿望，只有这样，才有可能取得非凡的成就。从一开始就没有目标的人，往往会一事无成。

起初，维妮弗里德也不懂得对自己要有高要求这个道理，她和大多数孩子一样，也是满足于自己现有的成绩，有时候还对学习或别的事情应付了事。直到她的生活中发生了一件事，才改变了她的这种错误态度，使她真正明白了以高标准要求自己的重要性。

有一天，维妮弗里德像平时一样在房间里玩她的积木。她正在盖一座自己想象中的大教堂。我偶然从她房间门口经过，由于她搭的建筑非常漂亮，把我也吸引住了。

“啊，这是个教堂吗？真漂亮。”

“对，我正在盖罗马大教堂，我在一本书上见到过它的样子。”女儿兴奋地向我描述着这个“大教堂”竣工后的模样。女儿一说起罗马大教堂，我的眼前就浮现出它的样子。尽管女儿的教堂还没有完成，但已初具规模。看来，她一定能干得很漂亮。

当我仔细欣赏女儿尚未完成的作品时，偶然发现她犯了一个错误。凭我的经验判断，这个错误虽小，但却是致命的，有可能导致整个建筑倒塌。也许是维妮弗里德在搭最底下的几块积木时太随意，把那几块最重要的积木放在了一块卷起的布上。我觉得那片不平坦的“地基”很可能使大教堂毁于一旦。

“维妮弗里德，我想这个教堂盖好后一定很漂亮，但是有一个问题。”

“什么问题？”

“看见下面那块布了吗？”

“看见了，怎么啦？”

“那个地方很关键，但却不平，很可能使教堂垮掉。”

“不会吧！”

“我想，垮掉的可能性很大。因为在真正的建筑中，最关键的就是地基。”

“那怎么办呢？”

“只有一个办法，就是拆掉重盖，你应该为教堂的质量负责。”

“那也太麻烦了，凑合盖吧！”说完，女儿又继续她的工作。

既然女儿这么说了，我也没有再劝她。我想反正这不过是个游戏，何必太认真呢？只要她玩得高兴就行了。于是，我就不再说什么，回到书房去做自己的工作。

过了一会儿，我听见女儿房里隐隐传来哭泣声。

“这是怎么啦！刚才还挺高兴，怎么突然哭了呢？”我这样想着，一边走进女儿的房间。

原来，女儿好不容易盖起来的教堂已经成了一片废墟，积木倒得到处都是。这时我已经知道发生了什么事。

“怎么啦，维妮弗里德？”我关心地问。

“垮了，真的垮了。”

“为什么呢？”

“妈妈，就像你说的。”维妮弗里德哭着说，“是那块布，我已经盖到教堂的屋顶了，可是它晃了起来，我想稳住它，但还是垮了。”

“是吗？”我没有立即去分析她的错误，而是尽力安慰她，“我只是有那种感觉，没想到真的会这样，真是太遗憾了。”

女儿不再说什么，只是哇哇大哭。

“维妮弗里德，没关系，你再盖一个就是了，不要难过了。”

“可是，这个教堂我盖了很久才盖好……一下就没有了。”女儿抽泣着说。

“没关系，既然已经倒了，哭也没用，我认为你应该吸取教训再盖一个，也许会盖得更好呢？”

女儿把刚才的不幸抛到了脑后，马上又干了起来，后来，她果然又盖起了一座美丽的大教堂，她过来请我去看。

“啧啧，这个教堂太漂亮了，简直和罗马大教堂一个样，我看啊，它比罗马大教堂还要漂亮。”

“真的吗？”女儿听了我的夸奖，高兴得喊了起来。“妈妈，现在我知道了。”女儿小声说道。

“知道什么？”

“你说的是对的。不管做什么都要尽量做好，不能有一点马虎的地方。”

“对呀，我认为你今大的最大收获就是明白了这个道理。你要记住，只有努力追求完美，才有可能完美。”

5.鼓励尝试：用多种方法解决同一个问题

维妮弗里德5岁时就已经具有非常灵活的思路，认识她的人都说她特别机灵，别的孩子也很羡慕她有如此聪明的头脑。一些朋友曾经问我，维妮弗里德的聪明一定是与生俱来的吧？她一定是个天才吧？我的回答通常是一个字：不。

我认为，一个人各方面的能力大多是通过训练得来的，并不完全来自于天赋。只要孩子没有什么天生的缺陷，只要受到正确的教育，都可以成为天才。

我在培养维妮弗里德头脑灵活性方面，最常用的方法是让她用多种方法去解决同一个问题，以培养她的快速思维能力和多方位思考的习惯。

除了平时的功课，我常常鼓励女儿参与各种有益于身心健康的活动，尤其是全力支持她在艺术方面的爱好。因为学艺术是培养孩子这种能力的最好办法。事实上，艺术在很多情况下都要靠良好的感觉，而不是用过多的时间去冥思苦想，这样，就很容易使她养成快速思考的习惯。

为了使女儿从小就有灵活的头脑，我在她学习艺术时，经常让她用不同的表现方式去表现同一事物。

有一次，维妮弗里德在外面院子里用水彩画一棵树和花园里的花。虽然当时女儿才4岁半，但由于她学习绘画已经有一年多的时间了，所以显得十分熟练。不仅运笔流畅，而且形象和色彩都把握得很准确。女儿画得正起劲，我悄悄走到了她身边。

“维妮弗里德，这幅画真漂亮啊！”

“真的？”听了我的夸奖，女儿抬起头愉快地笑了笑。

“不过……”

我还没说完，女儿就打断了我：“不过什么？你觉得有什么不对的地方吗？”

“不，你画得很好，只是你在这一年里总是用同一种方法画，恐怕效果不会太理想。”

“为什么？”

“我认识几位艺术家，他们创作的时候总是不断地变换创作手法，希望得到不同的效果。他们对我说过，总用同一种方法创作会使人感到厌烦，甚至会让自己的感觉变迟钝。所以，我认为你也应该像他们一样，多试试新方法，也许这样效果会更好。”

“对呀，”女儿听了我的话之后，开始发表自己的看法，“我也有这样的感觉。我画了那么多画，可它们差不多都是一样的，现在虽然比以前要熟练得多，但有时候我也觉得不像开始时那么有趣了。”

“那么，你就试试别的方法吧。”

“可我不知道怎么做。”

于是，我向女儿介绍了造型艺术中的各种表现手法。告诉她除了绘画之外，还有拼贴、剪纸、雕塑等等，并向她介绍了这些方式的具体操作过程。

女儿听完我的介绍后，顿时表现出了浓厚的兴趣，当即就要我去给她买这些材料。第二天，我去商店给维妮弗里德买了各种颜色的纸，还去裁缝店要来了各种质地、各种颜色的碎布，并给她准备了一瓶胶水和一把小剪刀。

自从女儿有了这些有趣的东西以后，只要有时间，她就待在房间里兴致勃勃地摆弄它们，她对这些东西的兴趣似乎远远超过了其他的玩具。大约一个星期后，女儿兴冲冲地把我和她父亲叫到自己的房间。

我和丈夫一走进女儿的房间，顿时被眼前的景象惊呆了，女儿房间的四面墙上挂满了各种各样的作品。有典雅的水彩画，有五彩斑斓的拼贴画，还有简洁明快的剪纸。其中有一组作品引起了我和丈大的特别注意，就是我们家门前的那棵树，女儿用不同的方式把它表现出来，每种方式都各有千秋，但全都非常美。

后来，我请我认识的几位艺术家朋友到家里来做客。他们看到女儿的作品后都十分震惊，他们说在这之前从未见过一个不满 5 岁的孩子能有这么强的表现力，说她对形象和色彩的敏锐感觉是很多人都无法达到的。其中一位艺术家还对我说，应该从现在起就引导维妮弗里德向艺术方面发展，他认为女儿很有希望成为一位卓越的艺术家。

不过我认为，假如维妮弗里德始终对艺术感兴趣，她将来是可以成为艺术家的，但我不想用成人的方式刻意地培养她，至于她将来从事什么专业，应该等她长大后自己来决定。

6.催促孩子，只会适得其反

有些父母总想让孩子适应自己的生活习惯和时间安排，经常催促孩子：快点，我要出门了；赶紧把功课做完，客人马上要来了。事实上，这种做法不利于孩子的成长。成年人都知道，要想做好一件事，必须要有一个平静的心态，如果总是处于焦急的状态之中，往往会把简单的事情搞复杂，本来很快就能做好的事，由于着急反而要花费大量的时间和精力。

无论维妮弗里德是在做功课还是在玩，我都从不催促她，从不以自己的标准去要求她。不仅如此，当女儿办事性急的时候，我还会想方设法使她平静下来，告诉她欲速则不达的道理。

有一次，是个周末，我们全家决定去维妮弗里德的姨妈家做客。听到这一消息，女儿极为兴奋，因为姨妈对她非常好，而且她有好长时间没有见到表弟了。由于姨妈家有一个很大的园林，又养了很多可爱的小动物，所以去姨妈家对于女儿来说是一件非常开心的事。

但是，女儿直到出发前还没有做完功课。我平时对女儿要求很严格，一直要求她必须先做完自己的功课才能出去玩，这几乎成了一个必须遵守的规定，当然，女儿很乐意接受这样的规定，在多数情况下她也能够做到。

但是，孩子毕竟是孩子，在那样的时候难免会心急起来。她一边在房间里做数学题，一边不停地看表，同时不停地冲我们大喊:“快了，快了，请等一下。”

其实当时女儿的功课并不多，但她所用的时间几乎超过了平时的两倍，这样一来，女儿就更着急了。她拼命地做啊做啊，但功课似乎多得没完没了，还不时出错。渐渐地，女儿在房间里发起脾气来。最后，她终于控制不住心中的焦急，开始摔东西了。见她这样，我赶紧走进她的房间。

“维妮弗里德，你在干什么？”

“气死我了，我怎么总是做错？”女儿恼火地说。

“我看看……这道题并不难呀！怎么会做不出来呢？”

“不知道。就是做不出来，怎么也做不出来。”

我突然明白了，女儿一定是陷入了一种十分焦急的状态中，心里总是挂着去姨妈家的事，所以忘了欲速则不达的道理，越急越慢。我想，这时一定不能再催她，否则只会让她愈加着急，而应该想办法使她平静下来。

“维妮弗里德，时间还早呢，你不用着急。”

“怎么能不急？要是不早点走，到了姨妈家天就黑了，还怎么玩？”

“不会的，我们等你把功课做完再出发。我和爸爸还有些事没有做完呢，等我们把事情做完后再走，反正咱们离姨妈家也不远。”

“可是，天黑了就不能去看那些小动物了。”

“有什么关系呢，反正我们要在那里住一晚上，明天白天去林子里不是更好吗？早晨的树林才是最美的呢。我都安排好了，今天晚上我们可以在姨妈的客厅里聊天，你也可以和小表弟说说话，还可以弹琴给他们听。上次姨妈还特地对我说她想听你弹琴呢。”

“真的？”

“当然，妈妈从来不会骗你。”

“那好吧，我把功课做完再走。”

“你放心好了。我和你爸爸都不急，你急什么呢？如果你觉得题目太难，可以先休息一下再做，也许那样效果反而会更好一些。”

“不用了。现在我感觉好多了，现在就去做。”

没过多久，女儿就出来对我说功课全部做完了。

“出发喽！”丈夫抱起了女儿。我们有说有笑地出门了。

维妮弗里德在路上对我说：“妈妈，真奇怪，开始的时候我想快点把功课做完好马上走，可是怎么也做不完。后来，我不着急了，反而做得快了。这是为什么呢？”

“事情就是这样。因为开始的时候你心里太着急，总是惦记着出门的事，所以不能专心做功课。后来，当你认为没有必要着急的时候，心里就平静了，所以能够全身心投入到功课中去，自然很快就把它做完了。许多事情都是这样，你越想快它反而越慢，你慢慢做，却很快就做完了。这就是欲速则不达的道理。”

“我知道了，以后不管做什么都不能性急，而要心平气和地去做，我想这样的话什么事都可以做得又快又好。”

7.让孩子明白，毅力和恒心是成功的重要保证

我看着女儿一天天长大，她成长的每一个细节我都看在眼里。在那些日子里，我经常产生这样的感觉：女儿总是不断地冒出很多新的想法和爱好，却很少能持之以恒地把每一件事都做得很好。也许其他的孩子也都是如此吧！

维妮弗里德是那种思维特别活跃、脑子特别灵活的孩子，也许正是这个原因，她的想法和爱好特别多。她很小的时候，会突然产生一些新的想法，但那股热情一过，又显得特别淡漠。有时候在学习某种新知识时，刚开始表现出极大的热情，但是遇到困难时又会打退堂鼓。

我在上文已经谈到了女儿学习钢琴的事，也许人们会认

为她从一开始就是那么专心和刻苦，实施并非如此。在女儿学钢琴之初，有很长一段时间，她常常表现得缺乏恒心。尤其是遇到那种所谓的“突破”阶段时，这种缺点表现得尤为突出。

大家都知道，人在遇到挫折时，总会表现出不安和失望，有时甚至会丧失信心，这几乎是人的一种天然缺陷，在这种情况下，一个人的毅力和恒心往往是决定成败的关键因素。在学习乐器的演奏时，这种情况尤为突出。我们知道，学习乐器演奏需要经过大量的练习，有些练习是非常枯燥的，必须一点一点地往上突破，并不是每天都会有所进步，有时还会出现很长时间的停滞不前，甚至退步。在这种时候，假如学习者有足够的恒心去攻克难关，随后就会进一大步，但是，大多数人之所以学不好乐器，就是由于往往在这种情况下无法忍受停滞和退步的苦恼，以至于丧失信心而放弃。

迄今为止，维妮弗里德在学习钢琴的过程中曾经遇到过三次这样的难关，第一次是在她学琴的第四个月，差点因不能准确地把握节拍而放弃。第二次是在学琴后的第一年里，那时她好像已经学完了所有的基本演奏技巧和乐理知识。第三次是在她 5 岁的时候，这一次大概是最为困难的一次，那种长期停滞不前的烦恼，几乎快要使她对音乐产生厌恶的情绪了。

有一次，我听到女儿的琴声不再流畅优美，而显得杂乱无章，听上去极不舒服。其中还有几个和弦弹得非常粗暴，那种突如其来的重音把正在写作的我吓了一跳。显然，女儿在发脾气，用乱敲钢琴来发泄心中的怨气。

“维妮弗里德，不许胡来，不想弹就别弹，真让人心烦。”丈夫忍不住过去训斥女儿。

女儿不仅没有停下来，反而又使劲敲了几下，那种不和谐的声音震得耳朵嗡嗡直响，让人十分难受。

“维妮弗里德，你怎么能这样？”丈夫冲着女儿吼了起来。

我赶紧走到客厅，把丈夫拉回了他自己的房间，然后坐在女儿身边。

“维妮弗里德，怎么，遇到麻烦了？”我关切地问。

“我不想再学了。”女儿生气地说。

“为什么？”

女儿没有说话。

“你不喜欢音乐了吗？”

“是的，不喜欢了。”

听女儿的口气，我知道这不是真心话，显然是气话。

“维妮弗里德，我知道你并不真这么想，我可以给你一些时间来考虑，过一会儿我们再来谈这件事好吗？”

我说完就离开了客厅去和丈夫商量，我告诉他不应该用那样的语气对孩子说话。不一会儿，维妮弗里德走到我们面前。

“妈妈，我不是不想学琴。”女儿小声说道，“只是觉得太难了，我也许永远也学不好。”

“为什么？你不是一直都弹得挺好吗？”

“那是以前，现在不行了。也许我在这方面没什么天赋。”

“不对吧，我们都认为你很有音乐天赋。”

“可是，以前我学的曲子都很简单，现在难度大一点就不行了，我可能再也不会有进步了。”

为了帮女儿从糟糕的心态下走出来，我耐心地向她讲了许多学习的道理，并特别给她举了一些音乐大师的例子，使她明白，要想取得成功，最重要的就是要有毅力和恒心。

“据说莫扎特在小时候也遇到过这样的问题，他也有弹不好的时候。”

“什么？”维妮弗里德听了我的话后大为惊讶，因为莫扎特是女儿最崇拜的一位音乐大师，“不会吧！他是个天才。怎么会有弹不好的时候呢？”

“真的，我读过莫扎特的传记，上面说他在小时候也遇到过几次特别大的难关，有几天他的状态糟透了，连最基本的音阶都弹不好。”

“怎么可能？”维妮弗里德怀疑地看着我，“我现在虽然很糟糕，但起码还能弹音阶。”

“是啊！那你已经很不错了，还不算太糟。”我趁机继续开导她，“我认为你在这种状态下还能弹音阶，比莫扎特当时强多了。但是你有一点不如他……”

“哪一点？”

“说出来我怕你会生气。”

“不会的。”

“我认为你不如他有恒心。传记里说：莫扎特在遇到困难时依然没有灰心，而是一个音一个音地重新开始练习。没多久，他不仅恢复了原来的演奏水平，而且还向前进了一大步。这一次进步，使他达到了优秀演奏家的水平。”

“真的？真有这样的事？”

“当然是真的。我不是告诉过你吗？学习乐器遇到这样的情况是很正常的。你以前也遇到过这样的情况，不是也顺利地过关了吗？”

“是啊，可是……”这时，女儿陷入了沉思。

“莫扎特曾经说过：‘别人都以为我的成就完全来自我的天赋，其实这种说法不对。我有这样的成就，完全是靠我的努力和恒心。’”我坐在钢琴旁的凳子上，继续开导女儿，“你想想，连莫扎特这样的大师都认为自己的成就来自努力和恒心，何况你呢？你不是喜欢莫扎特吗？那么你就该向他学习，不光学他的音乐，还应该学他的品质和持之以恒的态度。”

从那以后，维妮弗里德成了一个具有过人的毅力和恒心的孩子，她后来所取得的成就与此直接相关，而她的这种恒心也是别的孩子所不具备的。

第八章　尊重孩子，孩子才会尊重你

如果父母说话不算数，孩子就会失去对父母的信任感。试想，孩子怎么可能尊重一个不值得信任的人呢？要知道，我们面对的不是一个可以随便摆布的玩具，而是一个有着复杂感情的活生生的人。

1.任何情况下，都别伤害孩子的自尊心

孩子有一颗稚嫩的心，必须小心呵护，尤其不能伤害他们的自尊心。我想，任何有责任心和爱心的父母都会注意到这一点。然而，许多父母往往会在不经意间伤害孩子的自尊心，这的确是令人痛心的事。

每个孩子都有自尊心，如果父母能够认识到这一点，就

可以避免许多不必要的麻烦。很多父母很注意维护自己的自尊心，当孩子对自己有叛逆举动时，就会大发脾气，可是当孩子们觉得委屈或是伤了自尊时，父母们则会认为，孩子嘛，那么小有什么自尊，甚至还有意去伤害他们，以此作为惩戒手段。这种做法是非常愚蠢的，因为不仅对孩子没有好处，反而会对孩子的心灵造成不可挽回的伤害。所幸的是，迄今为止，我从来没有用这种态度对待我的女儿，因为我爱我的小维妮弗里德，我不愿使她受到任何伤害。

我的一位熟人有个儿子叫哈里斯，是个聪明又懂事的孩子，才6岁就开始帮母亲做家务了。有一天，哈里斯和母亲购物回来，帮着母亲把买来的东西从外面搬进厨房。母亲见他抱着一堆玻璃瓶，不禁有些担心。

“分两次拿，这样会打碎瓶子的。”

哈里斯说:“不会，我以前也拿过这么多。”

母亲说:“你不听妈妈的话，瓶子肯定会打碎的。”

哈里斯装作没听见，只顾往厨房里走，刚走进过道，瓶子就接连不断地掉了下来，有些摔碎了，汤汤水水洒得满地都是。

他母亲看着弄脏的地板，忍不住大发脾气:“我告诉过你的，可你就是不听！你看你把这里弄得乱七八糟。”

哈里斯本来已经有些惭愧，可是听到母亲的训斥，顿时恼羞成怒，扔下手里的瓶子，跑到自己的房间里去了。从那以后，哈里斯再也不帮母亲干家务了。

其实，哈里斯不小心摔碎瓶子后，已经认识到了自己的过错，这一事实对哈里斯的教育效果，比母亲事前的警告和事后的训斥都要好。可是他的母亲并没有看到这一点，她本来应该体会到哈里斯的心情，在这种时候给孩子一些安慰，但她却采取了责备的方法，使儿子觉得下不了台。

维妮弗里德5岁时，已经非常有主见了，无论是吃、穿、住、行，还是在其他任何事情上都有自己的观点。但是，这也常常令我感到头疼，由于她在有些方面过于有主见，往往会把事情搞砸。

有一次，我们和一些朋友去郊游，由于是春天，大家都穿上了轻便的春装。可是维妮弗里德却坚持要穿她那件绿色的大衣，因为她觉得那件大衣好看。

我告诉她："现在早已过了冬天，天气热了，如果你穿大衣出去，会捂得很难受的。"

女儿仍然固执己见，不肯采纳我的建议。我们到了游玩的地点，别的孩子都穿着轻便的衣服，只有维妮弗里德一个人捂在厚厚的大衣里，在温暖的天气下，热得满头大汗。这时，她注意到其他孩子在用奇怪的眼神看她。

维妮弗里德对我说："妈妈，我肚子疼，我们回家吧。"

我知道女儿的真实意图，她是想找借口离开这里。

"啊，春天真让人舒畅。"我装作没有听到她的话，自言自语地说，“那些孩子穿的衣服多么轻松啊。”然后低头对维妮弗里德说，“我想你也许会改变主意的，所以我把你的春装带来了，想不想到林子里去把它换上？”

维妮弗里德的脸上顿时轻松开朗起来，亲热地吻了我，并要我带她到林子里去换衣服。

我在不伤女儿自尊的情况下帮她摆脱了尴尬处境，她当然会感激我的做法，同时也为自己摆脱了困境而高兴。从那以后，维妮弗里德再也不那么固执了，还养成了善于听取别人意见的好习惯。

我想，如果那天我不给女儿带春装，而是让她忍受那件大衣带来的痛苦和其他孩子的好奇眼光，或者当众嘲笑她，那么一定会伤了她的自尊心。这样一来，不仅不能使女儿养成听取别人意见的习惯，还会使她以后做什么事都不敢自己作决定，从而削弱了她的自信心。

2.与其激化负面情绪，不如及时按“暂停”

我在培养维妮弗里德的过程中，常常发现年幼的女儿陷入一种不能自控的状态，似乎丧失了任何使自己镇定下来的能力。有时候会被一种无理要求控制着，无法解脱，随之而来的是没完没了的哭闹和不顾一切的反叛。我想，这也许是所有孩子的通病，对他们来说，这大概是一种很普遍的现象。

很多父母都有过这样的经历，在向孩子大喊“不许这样”的时候，孩子就像没有听见一样，仍然哭闹不休。接下来可能是打几下，希望用这种办法来止住孩子没来由的哭闹，但却往往事与愿违，孩子仿佛火上加油一样更加暴躁，而父母也愈加不能控制自己，大发脾气。一时间，哭喊声和呵斥声搅在一起，夹杂着打孩子的声音，弄得天翻地覆，让人疲惫不堪。

遇到这种情况，我认为最好采用“暂停”的方法。它的出发点并不是要惩罚孩子，而是用非暴力的手段使孩子停止“疯狂”行为。

有一次，3 岁的维妮弗里德拉着我发疯似的喊：“我就是要穿那条短裙子，你快给我换上！”

我向她做了足够的解释，并且已经收拾停当，准备带她去一位朋友家做客。

“维妮弗里德，如果你再这样闹下去，我就不带你去了。”

“不去就不去，反正我就是要穿那条短裙子。”小维妮弗里德喊道，嗓子已经哭得有些嘶哑了。

我把已经打开的房门关上，冷静地说：“维妮弗里德，我们现在停一停。”

然后我把她带到她的房间，把她放在床边的小凳子上。女儿没有反抗，乖乖地坐在那里，尽管还在哭叫。

“5 分钟。”我对女儿说。

维妮弗里德点点头，坐在那里没有动，接着我走出了她的房间。

5 分钟后，维妮弗里德不再哭泣，在房间里喊我：“妈妈，我可以出来了吗？”

“是的，你还想去安迪叔叔家吗？”

“想去。”女儿走到我跟前，把头靠在我身上。“妈妈，我们走吧。”

我经常用这种“暂停”的办法使女儿从狂躁不安中摆脱出来，从我的经验来看，每一次都很管用。我让女儿“暂停”是为了使她从暴躁中重新获得平静，忘掉自己的无理要求，而不是为了让她在痛苦中学到什么。因此，假如女儿在“暂停”的时间里发现了什么好玩的东西或游戏，只要没有危害，我就让她高高兴兴地玩一会儿。

维妮弗里德 3 岁时，喜欢拿着画笔到处乱画，有时根本不在我为她准备好的纸上画，似乎控制不住自己。

有一次，我拉着她的手说：“你是想规规矩矩地玩呢？还是想到你的房间去待上 5 分钟？也许到房间里去待一会儿会让你感觉好一点吧？”

在这之前，我向她解释过“暂停”的方法和内容。调皮的小维妮弗里德好像要试探我是否会真的实行这一办法，依然去涂抹家具。

我对她说："看来，你选择了回房间待一会儿，要我送你去，还是你自己去？"

女儿没有动，于是我拿下她手中的画笔，拉住她说："你选择了让我送你去。"到了她的房间，我对她说："等你觉得好一点后再出来找我，我们可以玩别的游戏。"

后来，我给女儿买了一个计时器，让她自己设好"暂停"的时间，通常是 5 分钟。有时候她拒绝在自己的房间里待着，跟着我跑出来，我会立刻把她送回去，并延长时间。有时候我会问她，要不要我在里面陪着她，直到感觉好一些为止。女儿 4 岁时，已经习惯了这种"暂停"命令，每次都是自动地走进房间，直到心情平静下来，有时她会在房间里玩别的东西，而我从不干涉她。这种时候，她甚至会忘掉规定的暂停时间，索性待在里面高高兴兴地玩下去。

我从来不让女儿感觉这种"暂停"的方法是对她的惩罚。一旦给她那种感觉，她就会拼命地反抗，这样不仅不能帮她摆脱原有的坏情绪，反而会大大加强这种情绪。

3.用恰当的方式向孩子表达你的感受

女儿有时候非常顽皮，每当我被她弄得不胜其烦时，我就会告诉她我的感受，让她知道她正在给我带来烦恼，并让她学会理解和尊重别人。我认为，父母完全有理由让孩子知道自己的烦恼，这样做无论对大人还是孩子都是明智的。

很多父母都有体会，有时候孩子的自私简直令人惊讶，甚至当他们到了应该懂事的年龄，却仍然是那么不懂事。在多数情况下，困惑中的孩子即使得到了父母的安慰，仍然会给本已很辛苦的父母增添足够多的麻烦，迫使父母为他们服务。这常常让父母很生气，却又不便发作，因为他们已经宣称理解孩子的苦衷，愿意尽力帮助孩子，又怎么能有任何抱怨呢？

但是，父母的这种自我牺牲和忍耐是有限的，这种烦恼积累到一定程度，就会爆发出来，给大人和孩子都带来不快。

我在养育维妮弗里德的过程中发现，当我明确地向女儿说出自己的感受时，往往会收到意想不到的效果。在我看来一向只考虑自己的情绪而不管别人感受的女儿，突然变得很有理智，开始照顾别人的情绪了。向孩子表达自己的感受，并不是控诉和指责孩子，不能把握好这种区别，就收不到理想的效果。

维妮弗里德有个叫安娜依丝的小伙伴，和母亲达成了一个协议，每到周六，如果没有什么特殊情况，安娜依丝必须首先打扫自己的房间，把它收拾干净后再做其他事情。

可是在这个协议执行了两个星期之后，有一天，母亲到安娜依丝的房间里检查，发现里面乱七八糟，根本没有整理过，而安娜依丝已经和小伙伴们到外面玩去了，而且玩到很晚才回家。

安娜依丝一回来，母亲就生气地质问：“你今天的做法让我感到很难过。”

安娜依丝问：“怎么啦？”

“你总是这样说话不算数，该做事的时候悄悄溜掉，我认为这是不负责任的表现。”

没想到安娜依丝撇了撇嘴，就走进了自己的房间，把门一关，留下母亲独自在那里生闷气。

安娜依丝的母亲有什么地方做得不对吗？她说那些话是指责还是表达自己的感受呢？我认为，这位母亲一开始确实是想表达自己的感受，可是说着说着就变成指责了，而这种指责只会激起女儿的反抗。假如安娜依丝的母亲这样说：“我很失望，我想我们应该履行协议，先收拾完房间再出去玩。”那么效果就会完全不一样，这样，既表达了自己对孩子的不满，又没有给孩子发脾气的理由，也许效果会好一些。

有一次，维妮弗里德和小伙伴们玩到很晚才回家。由于她太小，让我非常担心。一听到维妮弗里德的敲门声，我就冲了过去为她开门，当时我很想骂她一顿，给她点颜色瞧瞧，但最后还是控制住了情绪。我一见到她就说：“感谢上帝，你总算没出事。”

女儿说：“我一直在罗茜家玩，怎么啦？”

我说："你应该早点回家，刚才妈妈非常担心，你从来不会玩到这么晚还不回来，我真怕你出了什么事。"

女儿扑过来亲吻了我："对不起，我以后一定早点回来。"

我认为父母在表达自己的感受时，要采取恰当的方式和语气，否则孩子就会认为你不真诚，由于我采取了正确的方式，让女儿深刻地认识到了自己的错误，也让她感觉到了我对她的爱，因此她就会懂得理解和尊重我。

我们知道，要想别人尊重你，你首先要尊重别人。在很多情况下，大人与孩子之间的矛盾是由于父母过于随便的许诺造成的。有些父母在提出建议时往往会表现得过于慷慨，到头来却又不能兑现，导致孩子的不满。这样做既不尊重孩子，也得不到孩子的尊重。

维妮弗里德的父亲总是很忙，没有时间带女儿出去玩。终于有了一个难得的机会，可以在周末和女儿一起待一整天。于是他在头一天就兴冲冲地对女儿说："明天爸爸有空，我带你出去玩，去哪儿都行。"

"哦，太好了！"女儿兴奋地喊道，"我想到郊外去搞一次野炊。"

这时她父亲感到有些为难："呃，恐怕不行，那太耽误时间了，因为晚上我还要和别人一起吃饭。可能赶不回来。"

"那么我们去看儿童剧。"

"可是，那种地方太吵了，爸爸整天忙这忙那，想安静一下，你再想想别的地方。”

“随你便吧。”女儿顿时没了兴致。

“唉，这是陪你出去玩，你怎么这么没热情。”

“我说了，随你的便。”

后来，我就这件事和丈夫谈了很久，劝他以后不要随便向女儿许诺。从那以后，每当维妮弗里德提出这类建议时，我和丈夫都要做一些限制，提出几个具体的游玩地点，供她挑选，或者规定一下行动范围，而不是使女儿有过高的期望值，然后又让她大失所望。我尽量做到在任何时候都不让女儿天真的脸上出现失望的阴云。

如果父母说话不算数，孩子就会失去对父母的信任感。试想，孩子怎么可能尊重一个不值得信任的人呢？要知道，我们面对的不是一个可以随便摆布的玩具，而是一个有着复杂感情的活生生的人。

4.要及时肯定孩子努力取得的成绩

维尼弗里德有时会做一些好事，每当这时，我都会予以充分肯定，告诉她这样做对他人、自己和周围环境都有好处。此外，她做了好事以后，我还会不失时机地表扬她。

通常，父母表示对孩子的欣赏，多半是夸他们与生俱来的一些方面。诸如这个孩子真聪明、真漂亮之类。却不大重视孩子的后天努力，尤其是看上去比较小的努力。我认为这是父母们认识上的错误，应该反思。

克丽亚特夫人曾经告诉了我这样一件事：

当她去卫生间时，看见儿子亨特的牙刷又扔在台子上，就对儿子喊道："亨特，你怎么又把牙刷扔在外面？我不是告诉过你牙刷用过后要放到杯子里吗？"

亨特正在玩自己的玩具，听了妈妈的话就随口应付说："知道了。"

克丽亚特夫人见儿子并没有认真听，就想再强调一下，以巩固效果。

"亨特，你过来一下。"

"干吗呀？"亨特很不情愿地放下玩具走了过去。

"把牙刷放到杯子里去。"

亨特很快放好了牙刷，转身就走。

"以后记住了。"

"知道了。"

第二天，亨特把牙刷放到了杯子里，但母亲并没有注意到。第三天，牙刷又放在了台子上。

"亨特，你又没有把牙刷放进杯子，你怎么搞的？"

"我以为你不记得了。"亨特说。

"什么叫我不记得了？"母亲不解地问。

“因为昨天我的牙刷是放在杯子里的，你就什么也没说呀！”

听了克丽亚特夫人讲的故事，我意识到孩子是非常需要父母注意和表扬的。当孩子做错事时，我们有必要提醒和纠正他们，但是他们改正了错误，养成了好习惯后，则应该给他们足够的肯定，使他们有信心去做正确的事，并有足够的热情去巩固自己的成绩。

我在养育女儿的过程中深切地感到，让孩子带着愉悦的心情去养成好习惯，比带着受责备的坏心情去养成好习惯要容易得多。

任何人生来都有排斥别人责备的本能，大人和孩子都是如此。尽管大多数孩子承认大人的权威性，但过多的责备仍然会招致他们的反感。这种反感会自然产生一种相反的力量，削弱管教的效果。我想，既然如此，还不如采用正面鼓励的办法，这样效果会更好一些。

有一次，维妮弗里德读了一本有趣的书，书中讲述了水的重要性，并提到了人类对水的浪费将会使未来的世界面临缺水的危机。往常，维妮弗里德洗澡的时候总是把水龙头拧到最大，有时甚至让浴室里的水龙头一直开着，让水白白浪费掉。我多次告诉她不要浪费水，但这些话就像云雾消散在风中一样，毫无效果。但是这一天，女儿居然很快就洗完了澡，并主动关上了水龙头。

“今天怎么这么乖？”我问女儿。

“因为书上说应该节约用水。”女儿回答说。

“了不起，我女儿知道节约用水了，太好了！如果每个人都能像你一样，那么将会节约多少水啊！”

从此，女儿不仅自己节约用水，还常常提醒她的父亲也节约用水，并向他宣传浪费水的危害。在这种情况下，鼓励很有必要，当孩子发现自己的好行为引起了大人注意时，就会在心里调整自己的行为取向，使好行为一直延续下去。

的确，长期关注孩子一点一滴的进步，并及时予以鼓励，是一件不容易的事。但我还是要劝告那些年轻的父母，应该懂得恰当地表扬自己的孩子，不要错过生活中能促使孩子进步的每一次机会。

5.跟孩子好好说，这些东西为什么不能碰

维妮弗里德曾在她的祖母家住了大约半年多。祖母对小孙女极为疼爱，为了让小维妮弗里德过得开心，祖母专门为她布置了一个安全又有趣的房间作为她的娱乐室。那个房间的地上铺了厚厚的地毯，连墙根儿也摆放了柔软的垫子，地上的玩具都是干净而安全的布娃娃之类的东西。刚开始，女儿非常喜欢这个属于自己的空间。可是时间一长，慈爱的祖

母发现孙女渐渐对这里失去了兴趣，有时还显得烦躁不安。

由于天天待在那个房间里，女儿感到非常无聊，总想到外面的房间去玩。到后来，这个专门为女儿设置的娱乐室成了休息室，女儿很少到里面玩，只是偶尔进去休息一下。维妮弗里德大部分时间都在其他的房间里钻进钻出，还常常跑到屋外去。

有一天，女儿悄悄溜进了厨房，并突然对一把小刀产生了兴趣，就拿起来玩。祖母发现了孙女的这一举动后，顿时紧张起来，赶紧冲上去夺下了孙女手中的刀子，并大声说："天哪！你怎么能动这个，太危险了！"

可是，女儿从一时的惊吓中恢复过来之后，就对祖母的做法不满起来。祖母越是不准她玩，她就越是不顾一切地冲上去拿那把刀。后来，尽管祖母小心提防，但还是发生了事故。有一次，女儿终于在和祖母争夺那把刀子时割伤了手指。极为气愤的祖母拿孙女没有办法，不顾孙女的哭闹，用强迫的办法把孙女关进了那间娱乐室。但是，从那以后，维妮弗里德不仅没有变老实，还故意毁坏别的东西。

起初祖母以为孙女的胆子越来越大了，但后来才发现，孙女除了在娱乐室里为所欲为外，再也不敢去碰别的不熟悉的东西了。后来，女儿的祖母对我说："不让小维妮弗里德走出娱乐室去玩，她就会没精打采；让她出去吧，又会弄坏家里的东西，还会伤着自己。可是自从那天把手割破后，她又变得过于胆小了，唉，我真不知道怎么办才好！”

这的确是个难题。很多父母都不想阻止孩子用自己的双手去探索这个世界，都希望培养和满足他们的好奇心，谁也不想由于阻止孩子们探索而使他们害怕外面的世界，但又不能让他们弄伤自己或毁坏物品。

告诉孩子有的东西不可以碰，而且某些东西绝对不能碰是很重要的。但在进行这番告诫之前，必须先控制好自己的情绪，不能表现得过于紧张，仿佛大祸临头似的。这样会使孩子感到恐惧，既受到惊吓又对外面的世界产生畏惧心理，使他们对未来没有安全感。孩子的内心一旦有了这种恐怖的阴影，就会什么也不敢动，并渐渐失去一个人最宝贵的东西——自信。

维妮弗里德回到我身边后，有一次又去玩小刀。我尽量用平静的态度对她说：“这不是你玩的东西，你应该到那边去玩。刀子可不是玩具，不适合小孩玩。”

每当女儿到厨房看我做菜，我总会不时地提醒她说：“你可以在这儿玩，也可以学妈妈做菜，但是有些东西你不可以动，如果你动了，我就只好让你到外面去。”

这样重复多次后，女儿就慢慢知道为什么有些东西不能碰了。如果在那种情况下，我用严厉、愤怒的态度来禁止女儿动某样东西，就会激起她的逆反心理，还会使她产生更强烈的好奇心，从而导致我们不想看到的结果。

女儿玩的东西，只要对她没有伤害，我从不阻止她玩，因为把孩子限制在狭小的空间里，非常不利于她的自信心和勇气的形成。许多父母都会发现，孩子喜欢模仿大人的举止，有时还喜欢拆卸东西。这是他们成长过程中很重要的一个环节，这可以帮助他们了解这个世界，激起他们的好奇心和想象力。

有一次，维妮弗里德走进我的书房，很长时间都没有出来。于是我走进去看她在做什么，一进门就发现我的文件夹、手稿和卡片撒在地上，女儿正在玩一个漂亮的文件夹。当时我觉得自己快要怒吼了，但想到以前并没有规定她不许玩文件夹，就竭力控制住了自己。我对女儿说："你不应该玩这些东西，这都是妈妈工作用的。"

女儿不解地问："为什么不能玩？我觉得这些东西好玩，我想知道它们是做什么用的。"

为了满足她的好奇心和求知欲，我详细介绍了这些东西的用途，并另外给了她几个文件夹。

"这样吧，我分一些卡片和文件夹给你，在你的房间里也放一个书架，你玩你的，妈妈用妈妈的，好吗？"我对女儿说。

"好啊！"女儿高兴地回答。

在那以后的很长一段时间里，维妮弗里德都在自己的房间里摆弄那些文件夹和卡片，一副专心工作的架势。由于女儿喜欢模仿我的一些行为，所以我就尽力为她创造一个可以模仿成人的环境，这样既满足了她的好奇心，也可以防止她去动不该动的成人物品。

由于打字机帮女儿学会了拼写，所以她一直对这台机器充满好奇，总想弄清它的工作原理。在她的要求下，有一次她父亲还专门把打字机拆下来，仔细给她讲解内部的结构。尽管很麻烦，但为了帮助女儿养成喜欢钻研的好习惯，我认为还是值得的。

6.你有耐心，才能把孩子培养成有耐心的人

一个人的耐心不是天生的，它需要培养。当孩子还在襁褓之中时，他的哭声就像命令，没有哪位父母会去违抗，总是以最快地速度把奶瓶递过去。我认为，父母用这种方法对待孩子是不妥当的，因为如果不找出孩子哭闹的原因，而只是简单地用吃来解决所有的问题，那么这种做法仅仅是满足孩子的生理需要。

维妮弗里德还是个婴儿的时候，我就开始有意识地培养她的耐心。一听到她啼哭，我就知道她一定是饿了，但我不会立刻喂她东西，而是让她哭一会儿再喂，以培养她的耐心。

那些很小的孩子需要父母的帮助，他们迫不及待的心情是可以理解的，他们以啼哭来表达想吃东西的愿望，也是很

正常的，因为孩子的表现反应了他们的真实需要。但是，随着孩子逐渐长大，尤其是当他们学会用语言表达自己的要求之后，父母就应该有意识地训练他们的耐心了。应该让孩子懂得等待，懂得在适当的时候做某件事，懂得与他人协调。

我在培养女儿时，常常发现她没有耐心，她只要想到或听到了什么，就立刻要去实现，否则就会纠缠不休，直到我不耐烦了，不得不满足她的要求或做出让步为止。

有一次，我在厨房里烤面包，女儿闻到香味就跑进厨房。

“妈妈，我要吃面包。”

“面包还没烤好，再等 5 分钟。”

3 岁的维妮弗里德不干了:“我不等，现在就要吃。”

“维妮弗里德，面包没烤好怎么吃？你要是饿了，就先去吃点糖果吧。”

“不嘛，我就要吃面包。”我了解女儿此刻的心理，知道她等不及了。为了让她知道什么是等待，我就把她带到厨房外面，不再管她。

5 分钟后，女儿又跑进厨房，急不可耐地对我说:“5 分钟到了，快给我面包。”

这时面包的确已经烤好了，但为了使女儿有耐心，我并没有马上给她，而是让她再静静地等一等。

“再等等，面包是烤好了，但它现在很烫，你还不能吃。”

“不，我不怕烫，我现在就要。”女儿大声嚷了起来。

“维妮弗里德，你得学会‘等一等’，如果你再这样胡闹，我就不给你吃了。”

女儿很生气，猛地冲出厨房，跑到自己的房间里哭了起来。过了一会儿，我把烤好的面包放在餐桌上，对女儿喊道：“哦，面包真香啊，现在可以吃了。”

女儿没反应，我知道她还在生气。我不再理她，继续做别的事。过了一会儿，我发现女儿悄悄从房间走了出来，在餐桌前吃面包。我走过去对她说：“维妮弗里德，你要知道，什么事都不能太着急，必须要等待一定的时间。刚才时间没到，所以你不能吃面包，现在我让你吃，是因为时间到了。要记住，做任何事情都要等到它可以做的时候才能做好。”

我之所以这样做，是因为我知道孩子有太多的要求，如果她的每一个要求我都去满足她，那么就会变成她的奴隶，就算是忙得焦头烂额也无法满足她的一半要求。让孩子明白这个世界不是以她为中心的，这一点非常重要。因为每个人都有要求，即使父母非常爱她，也不能让她以为自己的要求必须总是首先考虑。我希望女儿能够明白，等待是必不可少的，失望也是不可避免的。明白这些道理，对她将来的成长会大有好处。

许多父母在教育孩子时自己缺乏耐心，那么结果也就可想而知了。训练孩子的耐心，自己首先要有耐心，这一点是极为重要的。当孩子用不停的哭闹来迫使父母满足他的要求时，父母一定要沉得住气，提醒自己正在训练孩子，只有自己有耐心，才能把孩子培养成有耐心的人。

在女儿的成长过程中常常有这样的事：正当我工作的时候，她却要求我带她出去玩。

有一次女儿对我说："妈妈，我想到公园里去玩。"

由于我当时正在写一篇论文，就对她说："等妈妈把这篇论文写完再去吧。"

"不，现在就去。"

"维妮弗里德，这是一篇很重要的论文，所以妈妈必须把它写完，你先玩一会儿玩具，过一会儿我一定带你去。"

大约 15 分钟后，女儿又来催我："妈妈，还要多久？"

当我告诉她还要再等一等时，她一句话也不说就走了出去。论文写完后，我就去叫维妮弗里德："我的工作完成了，我们走吧，妈妈带你去玩。"

"不，先等一会儿，我把这本书看完再走。"女儿学着我的口气说。

由于论文终于写完了，我也需要放松一下，很想出去走走，可这时她却偏偏摆起架子来了。有什么办法呢？我只好坐在客厅的椅子上等她。后来，等女儿看完书后，我们才一起出了门。

有的父母总是让孩子等，而自己不愿意等孩子，往往会使孩子觉得自己没有得到尊重。这不仅对孩子起不到良好的教育作用，还会引起他们的反感。任何人都希望控制自己的生活，那些在许多事情上都要依赖父母的孩子，往往很没有安全感，所以更需要运用自己的控制力，也许当他们说“等一等”时，是有意要表明自己的权利，遇到这种情况，父母不妨对孩子宽容一些。大多数时候，孩子的确在做自己感兴趣的事，这时生硬地打断她，的确是一种不恰当的做法。

7.给孩子自主权，他才会更懂事

父母和孩子的争执，在很多时候是因为父母没有给孩子应有的自主权，而是在不经意中使他们成了父母的随从。父母经常催促孩子“快点儿，快点儿”，但却没有考虑孩子的感受。

父母总是忙碌的，因为大人总是有事情要做，必须赶时间。但是对于孩子来说，时间似乎并不意味着什么。父母的催促常常让孩子觉得自己的自由受到了侵犯，仿佛自己正被逼迫着做一件事。在很多时候，这种被逼迫的感觉不仅不会让孩子快一点儿，反而会使他们产生逆反心理，有意拖延，以表明自己有控制局势的能力。

其实，给孩子足够的时间，反而会使他们加快做事的速度。因为孩子面对父母的宽容态度，往往会严格要求自己。

在维妮弗里德的成长过程中，无论是学习还是出门，我都会给她足够的准备时间。这不仅是具体的时间，更重要的是在心理上有了准备，让她意识到目前的活动就要告一段落，接下来要做另一件事了。有了这种心理上的准备，女儿往往很容易接受我的安排。

有一天，维妮弗里德在家门口和邻居的孩子玩游戏，玩得特别高兴。由于我和女儿约好今天要去姑妈家的，我准备好之后就去叫她："维妮弗里德，我们该走了。"

"到哪儿去？我不想去。"女儿头也不回地说。

"昨天不是和你说好了去姑妈家吗？"

"知道了，我再玩一会儿。"

"再玩多久？"我问女儿。

"不知道。"维妮弗里德说完又继续玩游戏。

我等了一会儿，见女儿完全没有结束的意思，就又对她说："维妮弗里德，我们该走了，不能再等了，否则到那里就太晚了。"

"再玩一会儿。"女儿还是这句话。

"不行，马上走。"我冲过去拉起她的手，想硬把她拖走。

这时女儿大哭起来。邻居的孩子也被我的举动吓呆了。我突然意识到自己的做法很不妥当，可能是因为我当时太着急，怕耽误了时间，所以在不经意中采取了和平时相反的做法。由于女儿已经哭了，我出于内疚只好改变了态度，让她再玩一会儿。

我对维妮弗里德说:“好吧，你再玩 20 分钟好吗？”

“好的。”女儿破涕为笑，又投入到她的游戏中去了。

我在旁边不停地看表，耐心地等着她。10 分钟过去了。

“维妮弗里德，再过 10 分钟我们就出发，知道了吗？”

“知道了。”女儿回答道。

又过了 10 分钟，我对她说:“维妮弗里德，时间到了。”

“妈妈，再玩 5 分钟好吗？”

“不行，我们说好了的，好孩子都会遵守约定的。”

“那好吧。”女儿再也没有玩下去的理由，于是就和我出发了。

去姑妈家玩是维妮弗里德自己提出来的，但是她在玩耍中把这件事忘了，只觉得眼前玩得很痛快，不愿中断眼前的游戏。我在前一天对她提到过这个计划，但现在已经过了一天，女儿已经不记得了，我突然提起来，又是在她玩得正高兴的时候，她当然不愿合作。后来我多给了她 20 分钟的游戏时间，并不时提醒她，使她有了足够的心理准备，所以当最后的时间到来时，她能果断地结束游戏，参与到我们以前约定好的行动中来。

根据我的经验，小维妮弗里德经常提出的那些小小的要求，诸如“让我再玩一会儿”之类，主要是为了找到一种自主的感觉，希望拥有控制自己行为的权利，并不仅仅是为了玩。遇到这种情况，我总会给她一点小小的满足:“好吧，再玩5分钟。”我经常多给维妮弗里德5分钟，有时她还会讨价还价说：“不，3分钟。”由于她还太小，不知道3分钟比5分钟短，我当然更乐于满足她的要求喽。

8.向孩子认错，并不是丢脸的事

在生活中，父母和孩子之间出现争论是常有的事，争论激烈的时候就会说出过激的话，于是争论就成了争吵。事后，父母们常常会后悔，在心里说：如果我当时不说那句话就好了。但话已出口，又担心不好收回来，这样一来，心头往往蒙上了阴影。

其实，和自己的孩子说话不必有太多顾虑。说错了，可以很大方地收回来，不必担心没面子，因为毕竟是自己的孩子，没有必要去争那一口气，而应该把眼光放在孩子的教育上。

和孩子尤其是已经懂点事的孩子论理，经常会争得激动起来，如果孩子还顶嘴，有些父母会更加失去理智，往往说出一些十分强硬的话来。

我经常听到一些父母对孩子说这样的话：“按我说的去做！哪来那么多废话？”“是听你的，还是听我的？”“这里我说了算。”“你懂什么？”如果孩子的胆子还没有大到敢于反抗大人权威的地步，这种霸道的做法也许还能暂时维持局面，否则的话只能使争执不断升级。如果有朋友或陌生人在场，那种难堪的感觉会使冲突更加严重，以至于发展到无法收拾的地步。

在这种情况下应该适当改变一下节奏，并不是向孩子道歉或让步，而是让愤怒平息下来，找一个更好的起点重新开始。可以做个手势让不愉快的争执停下来，并表示重新开始讨论某个问题，也许这种办法更加有效。

当我和维妮弗里德在某件事上发生了冲突，我常常采用这种重新开始的办法，通常会有很好的效果。

有一次，我看见维妮弗里德在房间里摆弄玩具，于是就问她："我给你布置的作业做完了吗？"

"做完了。"女儿回答说。

"琴练了吗？"

"没有。"

"没练琴不能玩玩具，快去练琴。"我对女儿下达了命令。

"等一会儿再练。"

"我知道你是不想练琴，要是你这么讨厌练琴，干脆不要再学琴了。"由于那天我心情不好，就说了这句不该说的话。

"好，那我不学了。"女儿听了我的话觉得很不舒服。

我当时正在气头上，并没有意识到自己在犯一个错误，冲过去抢下女儿的玩具，把她拉到了钢琴前。女儿坐在钢琴前胡乱地练习起来。在这种情绪下练琴，当然不会有好的效果，反而还会增加女儿对钢琴的厌恶。

这时，我见女儿不再像往常那样认真地练琴，我突然意识到了自己的错误。其实女儿平时并不总是贪玩，只是今天比平时爱玩一些而已。

我对女儿说："呃，不能这样，我们重新开始说说这件事好吗？"

维妮弗里德停下来不解地看着我。

"我只是不希望你把太多的时间花在玩具上，你玩了多久了？"我问女儿。

"我刚拿起玩具。"

"那你打算玩多久？"

"一会儿。我本来打算玩一会儿就练琴的。"女儿委屈地说。

"那么，去玩一会儿吧，然后就练琴好吗？"

"好的。"女儿哭丧的脸上又出现了笑容。

这种办法之所以有效，是因为无论我还是女儿都不希望发生一场战争。女儿看上去显得很镇静，还占了上风，但暗地里还是害怕激怒我，使我采用极端的行动。所以我宣布重新开始谈论问题时，女儿其实也松了一口气，这样我们就有了一个比较合理的新起点。

而我这种做法，也给女儿树立了一个榜样，让她明白，人需要有改正错误的勇气，并学会做出理智的让步。人们都习惯于做事有始有终，似乎不谈出个结果就不能停下来，一直到争个水落石出为止。但是，如果是一个不好的结局，为什么非走到底不可呢?

我常常想：那些勇于承认错误和探索新途径的父母，要远比固执、专横的父母可爱。

第九章　现在就让孩子明白：幸福比成功更重要

很多父母都知道应该为孩子的未来着想，往往只看重孩子的成就，而忘了最重要的方面，那就是孩子的幸福。一个完全丧失了童趣的人，是非常乏味的人，无论他在事业上取得了什么样的成就，都很难获得真正的快乐。

1.不要让成绩成为孩子的负担

维妮弗里德的好朋友戴维的母亲是一位职业妇女。她是一个勤奋工作的人，也是一位称职的母亲。她对自己的职责是如此认真地履行，在工作岗位上尽职尽责自不必说，一回到家，马上又变成了好妻子和好妈妈，干家务、督促孩子学习，即使带孩子去公园玩，也会想到如何利用这个机会向孩子灌输自然知识，或进行一番人生理想之类的谈话。如果孩子不在身边，就计划着干家务、购物和理财。丈夫劝她放松一点，不要老是像绷着的弦一样紧张，自己不能放松，还弄得别人也跟着紧张。

“我怎么放松？家里有这么多事要做，孩子一天天在长大，最好的学习时机一过就找不回来了，我不能做一个失职的母亲。”她时常这样说。

在妈妈的督促下，戴维也很用功，时时想着自己的职责。不过他觉得特别累，渴望能有机会抛开一切顾虑，痛痛快快地玩耍。但是妈妈的榜样总是阻止他这样做，使他的内心难以获得平静，因而变得烦躁起来，时常和母亲发生争执，一家人经常陷入不快的气氛之中。

尽管我对我的维妮弗里德满怀期望，但我最在乎、最希望的还是女儿能够有幸福的一生。无论她将来成为什么样的人，从事什么职业，我都希望她快乐、幸福。

做一个幸福的人有很多条件，其中一条就是必须敢于追求快乐和幸福。我不能完全肯定自己能给女儿幸福，但我相信我能够给予她对幸福的正确认识，还有追求幸福的信心和能力。这也是我最想做到的。

有人会问:难道还有人不懂得或不敢于追求幸福吗？我想，

在生活中没有几个人能回答这个问题。事实上，追求幸福不是每个人都会，而是很多人都不会。尤其在这个竞争激烈的社会中，很多人已经丧失了这种最初的追求幸福生活的能力。

“我知道如果我做了，就会很快乐，这件事并不难，但我就是无法去做，因为我有太多的顾虑。”我们不是常常听到这样的话吗？当人们坐在窗前对窗外的蓝天悠然神往，脑海里浮现出小时候的情景，或者想到去郊外游玩，或者什么都不想，只是觉得特别愉快时，脑海中突然会有一个声音响起：该去读书了，该去工作了，不要浪费宝贵的时间。每当这个声音响起，幸福的感觉顿时荡然无存。

尽管责任心是一个成熟的人必备的素质，而奋发图强的精神更是一个人通往成功不可缺少的条件，但不能完全排斥轻松的享受和本能的需要，让责任心和刻苦精神塞满整个人生。这样只能使人像没上油的机器一样，在无休止的运转中损耗，直到崩溃。这样的一生是不幸的一生。

很多人在生活和工作的忙碌中忘记了生活的初衷，就像一台不停运转的机器一样麻木，感觉不到任何激情和欢乐。这样的生活不过是时间的机械流失，根本谈不上幸福和快乐。而人一旦失去生活的快乐，生命也就失去了意义。

一位著名的心理学家说过：人的个性就像树的年轮，是一圈一圈地发展的。婴儿的一圈代表爱与享受；童年的一圈，代表创作与幻想；少年的一圈是玩耍与喧闹；青年的一圈是爱情与探索；而成年人的一圈则象征着现实与责任。如果有任何一圈未完成，这个人的个性就会受到损害，不会有一个圆满的结局。

如果一个孩子从小被剥夺了以纯真的愿望享受生活的权利，就会在他的个性中产生难以弥合的裂痕。一个不懂得享受生活的人，绝对不会是一个幸福的人。很多父母都知道应该为孩子的未来着想，往往只看重孩子的成就，而忘了最重要的方面，那就是孩子的幸福。一个完全丧失了童趣的人，是非常乏味的人，无论他在事业上取得了什么样的成就，都很难获得真正的快乐。

如果一个人的心灵完全被理智、目标和责任占领，当他有一天在事业上获得了巨大的成功，需要寻找别的精神慰藉时，却不知从哪里开始，只好不断地寻求各种刺激，从中寻求情感上的平衡。

从一开始，我就希望维妮弗里德能拥有平和而快乐的心态，即便她将来选择了探险活动来作为一种精神享受，也是出于一种平衡的心理需要。

有一天，我发现5岁的女儿很不安地坐在书桌旁，没有像平时那样聚精会神地学习。她时而挠挠头，时而踢踢腿，显得非常焦虑。

我赶紧走过去问她："维妮弗里德，你怎么啦？是哪儿不舒服吗？"

她没有回答我，仍然是一副焦急的神态。

“怎么啦？告诉妈妈好吗？”

“这道数学题我总是做不出来，都快急死我了。”女儿说。

“那么，你休息一会儿再做吧。”

“不，我一定把它解答出来。”

女儿好胜心强，遇到困难时总要解决之后才肯停下来。但今天这道题好像太难了，她已经有点沉不住气了。

“没关系，也许是题太难了，不要为难自己。”我摸着女儿的头说。

“你不是说遇到困难不要怕吗？今天怎么劝我放弃呢？”女儿问我。

“不怕困难是好事，但更重要的是不能太为难自己。”

“我不明白。”女儿不解地说。

“这道题你做不出来，也许是因为它太难了，也许是你今天状态不好。不如先休息一会儿，再接着做。”

“但是……这道题我要是做不出来不是说明我太笨了吗？那会让我难受的。”

“不，维妮弗里德，你是聪明还是笨，光凭一道数学题并不能说明问题，要证明一个人的能力必须从很多方面去看。你也不必为这件事难过，因为它不是你生活的全部。”

“为什么？”

“因为除了数学，你还拥有很多东西。比如，你还有音乐和绘画，还有你的朋友们，还有妈妈……我希望你做一个快乐的人，学习的确很重要，但是假如数学题让你感到痛苦，我宁可让你做点别的。”

听了我的话，维妮弗里德停了下来，她去弹了一会儿琴，又到外面去散了散步。当她回过头再去解那道题时，居然很轻松地做出来了。

后来女儿告诉我：“起初，我决心无论如何也要把那道难题解决，这样一来心里就特别紧张，结果就糊涂了。后来出去玩了一会儿，再做时我想做不出来就算了，没想到一下子就想到了解题的方法。”

我们周围有很多人，只知道工作而忽略了生活中的快乐。在我看来，光会工作的人不仅得不到快乐，就连工作也做不好。而懂得从生活中寻找快乐的人却往往能把工作做得更好，并且还能从工作中找到幸福。

2.教会孩子接受失败和犯错

在我家里，只要是我们做过的事情，我们就从来不认为它是失败的。我们关心的是从自己做的事情当中得到了什么教训，学到了什么知识。人的一生中，令人失望的事情是很多的，为了让女儿能在将来拥有幸福的人生，我从她小时候起就有意识地让她学会接受失望，迎接希望，勇敢地面向未来。

有一次，我们和朋友们去做一次为期两天的野外旅行。临行前，我向维妮弗里德提了建议，告诉她应该带什么东西。为了让她学会照顾自己，我让她自己收拾行李。

到了野外，维妮弗里德发现自己不仅衣服带得太少，而且忘了带手电。那天夜里天气特别冷。女儿对我说："妈妈，我冷，衣服没有带够……我能用一下你的手电筒吗？"

我问她："衣服为什么没带够？"

女儿说："我以为这里和城里一样暖和，没想到比城里冷多了，下次我就知道该怎么做了。"

我对女儿说："是啊，你应该先了解一下这儿的天气，准备得充分一些，这样你现在就不会冷了。那么，手电筒为什么不带？"

女儿说："我想到了手电筒，但是出发时太忙，一忙就把它给忘了。"

我说："你一定要记住，以后不要粗心大意，如果不认真对待每件事，你就会尝到粗心带来的苦头。"

女儿说："我知道了，以后我一定要像爸爸出门时那样，先列一个物品名单，这样就不会落下东西了。"

"没关系，这次我把你落下的东西都带来了，你瞧，你的手电筒，还有你的衣服。"我说着，把她的东西拿了出来。女儿高兴地扑过来亲吻了我。

我虽然在出发前就知道女儿衣服带少了，而且忘了带手电筒，这样会影响她的这次旅游，但我并没有马上指出来。这样她就有了一个从现实中得到教训的机会。我认为这种方式非常有利于女儿从实践中获得经验。后来，我把她落下的东西拿了出来，既让她感到了我对她的爱护，也让她对这件事有了更深的印象，使她以后不再犯类似的错误。

我把犯错误当做很好的学习机会。很多父母在孩子犯错误时，总是不失时机地加以责备和恐吓，这种做法的动机或是想促使孩子改正，或是害怕孩子再犯类似的错误。这种想法是好的，但这种做法却往往产生相反的作用。孩子们要么会因为害怕受责备而不敢冒险，失去学习新本领的热情和胆量，要么产生逆反心理，与父母对着干。假如父母处理得当，可以将错误变为难得的学习机会，教给孩子正确的做法，使孩子明白不必害怕犯错误，而要学会从错误中吸取经验教训；不把错误当做坏事，不因犯错误而灰心泄气。这样才能让孩子做一个快乐的人。

有一年万圣节，我给维妮弗里德买了一身漂亮的衣服和面具，准备让她晚上到邻居家去要糖果吃。看着各家门口摆出的南瓜灯和魔鬼服装，维妮弗里德和所有的孩子一样，兴奋极了。

万圣节那天早上，我把糖果放在门边，准备孩子们上门来讨时送给他们，同时也为维妮弗里德准备好了晚上用的面具和服装。可是到了傍晚，突然下起了雨夹雪，维妮弗里德在窗口看了一阵子，跑过来问我："妈妈，这雨会停吗？"

我知道，如果今晚维妮弗里德不能出去讨糖吃，一定会大失所望。

"等等看吧，也许会停的。"我对她说。

但是，晚饭后雨还是没有停，而且一点停的趋势也没有。看到这情形，维妮弗里德开始掉起眼泪来。

我很为她难过，就走过去抱着她说："我知道你很难过，可是没办法，好在万圣节年年都有，我们可以等到明年，不是吗？"

"明年，还要等一年哪。"女儿失望地说。

"是的，我知道，可是有什么办法呢？偏偏今天下雨，真是糟透了。"我说。

"不，不行，不行！"维妮弗里德突然变得不可理喻，又是尖叫，又是号啕大哭。

我很为她难过，于是把她抱在怀里，向她保证："维妮弗里德，我明天带你去玩具店，你可以挑一件你最喜欢的玩具，什么样的都行。"

尽管如此，维妮弗里德仍然大哭大叫。我见她这样，就不再安慰她，而是对她说："今天的确下雨了，我也没办法。我知道你特别失望，我也很失望。你必须知道，在失望的时候，没有人能够同情你，你只能自己想办法去面对。"

听我这么一说，维妮弗里德就停止了哭叫，到另一个房间去玩别的东西去了。过了一会儿，她兴冲冲地跑过来对我说："妈妈，我们来玩万圣节讨糖果的游戏好吗？"

对于孩子来说，由于天气原因不能参加万圣节的活动，的确是非常让人失望的事，但维妮弗里德起初的反应，在很大程度上由于我对她的同情而扩大了。可见，孩子对事物的反应在很大程度是受了父母反应的影响。

当我告诉女儿，天气不好是一个无法改变的事实并让她学会面对后，女儿就摆脱了那种失望的情绪，并开始考虑解决问题的办法，最终想到了玩讨糖果游戏，也算是对失望的一种弥补。

我对女儿进行的早期教育有一个重点，就是训练她勇于接受生活中的失望和失败。我尽力让她不去依赖别人，不靠别人的怜悯生活，因为这一点在很大程度上决定了她将来是否能成为一个幸福的人。

有些父母往往低估了孩子的承受力。他们总觉得自己的孩子太脆弱了，根本没有能力去应付生活中的现实。这种态度会使孩子错误地认识自己。他们会认为自己什么也应付不了。当孩子遭遇失望的现实时，假如父母能够持平静的态度，对孩子施加好的影响，就会使他们能够更容易地接受失望，迎接希望。这样，孩子在未来的成长中才会真正体会到生活的欢乐，而不是只看到失望和失败的一面。

3.孩子需要的不是安慰，而是鼓励

我的同事柯斯高特先生是一个才华横溢，并且在事业上颇有建树的语言学家，因此他对儿子要求非常高。尽管儿子才 5 岁，但柯斯高特先生时常对他提出要求和批评。慢慢地，他的儿子觉得非常沮丧，所以当父亲说他有什么事情做得不对，或应该做得更好时，他总是阴沉着脸，说自己是个蠢货，蠢得不可救药，从来没有做对过任何事情。

这个 5 岁的孩子常常低着头站在那里，眼睛盯着自己的脚，显得垂头丧气，看上去简直是世界上最失败的孩子。

有一次我问柯斯高特，这时候他会怎么做，他告诉我："我总是对他说，亲爱的，你知道自己并不笨，更不蠢，爸爸妈妈都喜欢你，你是个好孩子。"

我认为他说这番话是出于对孩子的爱，但对这个孩子来说，没有比这些话更糟糕的了。因为这些话对孩子起不了任何好的作用。然而，当孩子对父母说"我是个笨蛋"时，父母却常常说这些话来安慰孩子。其实，孩子在说那种话时往往是希望得到父母的反应，因此父亲应该这样说："你这样看待自己，我很难过。事实上我根本没有觉得你是个笨孩子。"

毫无疑问，这个 5 岁的孩子的问题在于失去了自信心。父母能够帮助他的唯一办法是鼓励，而不是安慰。遇到这种情况，父母可以定一些能够实现的目标让孩子去做，当他成功了，不要一下子给他太多的赞扬，或者说他有多么伟大之类的话。相反，应该告诉他："这样做就对了，你是不是慢慢觉得自己能做一些事了？我想你现在一定很高兴。看来，只要肯努力，还是有作用的。"这样说，会对孩子起到很大的激励作用。

我丈夫有一个工作室，用来做一些他认为有意义的研究工作。有一天，他在工作室里看到很多东西散落在地上。他知道一定是维妮弗里德干的，心里虽然很生气，但他还是尽力控制住了自己。他走进女儿的房间，看见她正在那儿摆弄玩具，就很平静地对女儿说："维妮弗里德，你和我一起到我的工作室去一下好吗？"

女儿意识到自己犯了错误，忐忑不安地跟着父亲来到工作室。父亲和女儿一起看了工作室里凌乱的样子，并对她说："看来你也想鼓捣我这些东西，是吗？"

"是的，我觉得你的工作很好玩。"女儿回答说。

"那么，你应该和我说，让我来教你。为什么把这里搞得这么乱呢？"

"刚才妈妈叫我，我就跑回了自己的房间。后来，就把这事儿给忘了。还有我用了这些东西后，也不知道怎样把它们整理好。"

"原来是这样，那么以后你想到这儿来，要先和我说一下，然后你有什么不会的我来教你，好吗？"

丈夫指出了女儿的错误，向她提出了好的建议，又没有伤害她的自尊心，不使她对犯错误心生恐惧，使她敢于犯错误也敢于承认错误，更敢于改正错误，并让她知道犯错误并不会减少父母对她的爱。

维妮弗里德6岁时，和周围的孩子们一起组织了一次体育比赛。这个比赛不仅有孩子们参加，父母们也要参加。比赛的规则是这样的：每个家庭选出三个人来进行接力赛跑，必须包括一个孩子和两个大人，由于我们家总共才三个人，只好全部上阵了。赛跑时，由维妮弗里德的父亲开始，然后是我，最后是女儿。维妮弗里德的父亲身体很好，因此开始时我们一直领先，轮到我跑时，对手都是十六七岁的大男孩，我感到有些力不从心，但也没有落后。维妮弗里德接过我手中的小旗时，大喊一声“我一定要赢！”就全力向前奔跑，可是由于她太紧张，眼看要到终点了却不小心摔了一跤。

我们本该得第一的，却在关键时刻输给了别人。那一天，维妮弗里德非常难过，吃晚饭的时候还在不停地埋怨自己。她不想吃饭，只顾在那儿伤心地嘀咕：“怪我，都怪我……”

我的丈夫向我递了个眼色，示意我关心一下女儿。

我对女儿说：“维妮弗里德，今天虽然是因你的失误输了，但我们都没有怪你。我认为你已经尽力了。你摔倒了，这完全是意外事故。何况，你的对手全都比你大。虽然我们输了，但大家都说你很勇敢，居然敢第三个跑，很多孩子都不敢最后跑的。”

“不管怎么说，我还是失败了。”女儿沮丧地说。

“不，不能这样想。输是输了，但你不能失去信心。失败只是暂时的，你不会永远失败。有了这次经验，你下次比赛时就能做得更好。我想下一次你一定能赢。”

听了我的话，女儿立刻振奋起来，并详细分析了今天失败的原因，说自己不该那么紧张，如果放松一些，也许就不会摔那一跤了，那样的话就能赢了。

人活在这个世界上，都会不断地去体验两件事，那就是成功和失败。父母应该想一想，自己对孩子到底有多高的期望，在孩子身上施加了多大的压力。很多孩子在面对竞争时发挥不好，其原因常常可以从父母那里找到根源，因为如果父母给孩子定的标准和要求太高，并且经常批评、责怪孩子，就会使孩子的自信心受到损害，致使孩子走下坡路。这样一来，孩子就会接连不断地品尝失败的苦果，直到他们的自信心完全崩溃。这样下去，孩子的一生根本没有幸福可言。

4.你的怜悯只会让孩子变得怨天尤人

一个靠别人的怜悯生活的人是绝不会幸福的。这样软弱的人只能当一个懦夫。我从小就教育维妮弗里德要做一个坚强的人，不要接受别人的怜悯，也不要随便接受别人的同情。我让她从小学会一切事情自己解决，以培养她的勇气和能力，因为只有勇敢者才是真正快乐的人。

维妮弗里德有个要好的朋友叫米西尔。有一天他在玩耍时不小心扭伤了脚，他本来是在游戏中常常获胜的，现在却因伤在很长一段时间里不能参加孩子们的游戏。米西尔很难过，他的母亲也为此而着急，她经常对儿子说："我知道你的心情不好，我也为你难过。我真希望你的脚会马上康复。为什么偏偏是你受伤，这也太不公平了。"这时候，他母亲还会伤心落泪。

我认为米西尔母亲的做法是十分错误的。因为孩子对母亲的反应是很敏感的，时间长了，会使孩子形成不良的心态。米西尔会觉得自己受了委屈，这种感觉积累起来，当更大的意外出现时，他可能会束手无策，只能怨天尤人。

实际上，米西尔母亲那么做，也是对儿子的不尊重。因为她认为儿子太弱小，完全没有能力承受这么大的打击，认为他无法勇敢地面对现实。米西尔受了伤，不能和别的孩子玩游戏，失望是难免的，也是正常的，但伤很快就会痊愈。假如母亲能够保持冷静，就可以帮助儿子正视现实，如果连她自己都感到沮丧，就不可能对儿子有所帮助。

我认识一个 7 岁的小女孩，叫米娜，在一次车祸中失去了一条腿。从医院回来后，她必须拄着拐杖走。

米娜在医院里用了很长时间来学习怎样照顾自己，怎样借助拐杖行走，医生还特意嘱咐她母亲，要她鼓励米娜自己照顾自己，不要为她做太多的事。可是，这位慈爱的母亲却为女儿伤心，她总想为女儿做点什么来安慰自己，从感情上对女儿进行补偿。她把女儿自己能干的事全包了。为她换衣服、洗澡、洗衣服，把饭送到她的房间里，有时还替她梳头。

母亲做得越多，米娜做得就越少。米娜做得越少，对自己就越没有信心。渐渐地，米娜只想待在自己房间里，什么事也不想做。

就这样，米娜从一个爱笑、勇敢、善于照顾自己的孩子变成了脾气乖张、喜欢叹气的孩子。有一天，我见到了米娜，她向我诉说了她的苦恼，并认为自己是一个没有用的废人。了解她的情况后，我找到她的母亲，告诉她："你不应该把女儿当成一个废人来对待，应该让她做一些她自己能做的事，也许那样会对她更有好处。"

米娜的母亲接受了我的建议，给女儿安排了她力所能及的事，并经常鼓励她，让她逐渐树立起了自信心。

我再一次见到米娜时，她不仅恢复了往日的开朗，还学会了从前不会的技能。记得那天我去看望她，还没进门就听到了悦耳的小提琴声。原来，在那段日子里，由于不便出门，米娜就开始学习小提琴，而且进步很快。我去看她的时候，她已经拉得相当不错了。

后来，她还以小提琴手的身份参加了纽约的音乐节，并获得了优秀奖。

其实，从本性上说，孩子是有足够的勇气和能力与困难拼搏的，他们需要用奋斗来弥补自己的不足。如果父母总是给孩子过多的怜悯和帮助，往往会使孩子丧失信心，停止努力，这对孩子的成长是极为不利的。身体上的缺陷没有办法弥补，但如果他们有一个强大的精神支柱、健康的心态和战胜困难的毅力与决心，不觉得自己可怜，可以想象这样的孩子长大后，比在父母的怜悯和过多的关怀下长大的孩子要有能力和幸福得多，父母之爱的意义也体现得更为深远。

父母正确的态度应该是关怀和帮助，而不是包办。用鼓励来取代不必要的服务，使孩子尽快适应正常的生活，才能使孩子真正地感到幸福。

5.以孩子的恩人自居是非常愚蠢的

在维妮弗里德成长的过程中，我深切地体会到：孩子最需要的是父母的理解和鼓励，是充满爱的关心与指导，是父母和他们一起度过的欢乐时光。培养孩子最好的方式，就是用真正的爱心去对待孩子，这样，孩子才会成长为一个健康快乐的人。

我的同事温斯特博士曾给我讲过他童年时代的生活，他认为他的童年可以算得上幸福，但还是有一些遗憾至今仍然埋藏在他心里。

“我小时候，家里非常幸福且富裕。父亲特别爱我，每次回家都会为我买我喜欢的玩具，带我去我喜欢的地方玩，并且给我买平时妈妈都不同意买的东西。

“但是，我很少见到他。因为他工作特别忙，他是个外交官，所以很少在家，一年中大部分时间都是在国外度过的。

“我从小跟着妈妈生活，对很少回家的父亲感到非常陌生。每次父亲回来后，我会慢慢与他熟悉起来，并开始跟着父亲到处跑，像他的尾巴一样，但他很快又走了。时间长了，我又觉得他陌生起来。

“有一天，父亲回来了，母亲让我和他聊聊天，可我说，让爸爸和你聊吧，我和他没什么话说。母亲问我爱不爱爸爸，我说，爱是爱，可是我不认识他。当然，当时我想说的其实是‘我不了解他’。

“我长大之后才知道，当时父亲有多么悲伤。他爱我，爱这个家，但是为了工作，他不能经常和我们团聚，我母亲自然能够理解他，但由于当时我太小，根本理解不了这些。

“尽管母亲经常向我解释父亲为什么不在家，而且我们之所以能享受现有的生活，多亏了父亲的辛苦，但这些对我来说都太抽象了。因为那时我是一个孩子，我需要更直接的方式来体会父亲对我的爱。我需要父亲牵着我的手，回答我提出的种种问题；我需要趴在父亲的肩头看着背后倒退而去的树林和房屋；我还需要父亲和我一起玩男孩子的游戏，让我在大胆的滚打中放声大笑……

“后来我长大了，渐渐理解了父亲为家庭所做的一切，并为父亲的敬业精神所打动，因而很尊敬他。

“但是，那种亲密无间的情感却很难建立起来。直到今天，我都常常为此难过。”

温斯特的话使我感想良多。当然，他父亲的情况比较特殊，但大多数父母还是有机会陪伴在孩子身边的。可是很多父母平时忙于自己的事业，一有时间，就在孩子面前摆出教育家的姿态，失去了许多向孩子倾注情感的机会，这不仅会影响孩子的心理健康，对父母来说，也失去了一个建立充满爱的亲情关系的机会。

有一位母亲曾经对我说：“我把全部心血都放在了孩子身上，她所有的事情我都要操心——吃的、穿的、住的，包括学校里的事和业余爱好，全都是我在操劳。现在她长大了，我问她，爸爸妈妈她更爱哪一个，她竟然毫不犹豫地说更爱爸爸。”

这的确令人伤心，不过我仿佛能在脑海中看到这位母亲的日常形象——尽职尽责的保姆，而不是慈爱的母亲。在我们周围不乏类似的情况，孩子长大之后，父母会理直气壮地要求他们感恩戴德。但是我却认为，这是愚蠢父母的愚蠢做法，施恩图报本身就背离了父母与儿女之间爱的实质。

我认为，子女感激父母的抚育之恩是应该的，但如果父母以恩人自居，就有可能使孩子产生逆反心理，导致对立情绪。父母与儿女之间的爱应该以相互尊重为基础，即使是孩子很小的时候，父母也应该尊重孩子。很多父母愿意花很多时间与陌生人应酬，以图在事业上有所收益，但与孩子的约定却很随便，虚与委蛇，不愿多费工夫。这不仅对孩子的成长不利，也妨碍了父母与孩子建立更深厚的感情。

我和丈夫都非常注重女儿童年时期的内心感受，我们都有各自的工作，但从未放松过对女儿的关心和照顾。我所说的并不仅仅是生活上的关心，更重要的是我们能够走进女儿的心灵，与她一起分享美好时光。

有一天，维妮弗里德从外面回来，一进门就告诉我:“妈妈，卡特今天被他妈妈揍了一顿。”

我问她:“为什么，卡特平时是个很乖的孩子呀。”

“是啊，我也这么认为，”女儿看着我说，“可是他今天把他妈妈气坏了。”

“为什么？怎么回事？”

“今天卡特的妈妈问他长大以后要做什么。卡特说想当海军，去很远的群岛打仗。他妈妈就问他，你长大以后难道就不管我了吗？卡特说，我要去打敌人，让妹妹照来顾你吧！卡特的妈妈就生起气来，说她简直白养了一个儿子。后来，两个人就吵了起来……”

“妈妈，我想问你一个问题。”女儿说完了卡特的事就问我，“你是不是也不希望我长大以后离开你？”

我抚摸着女儿的头说：“当然，所有的妈妈都不希望孩子离开自己，但是，只要你愿意，只要你认为必须去做某些事而不得不离开我，我一定会支持你的。因为妈妈最大的心愿就是让你幸福，只要你幸福，妈妈也会为你感到高兴。无论你将来走多远，我都会永远祝福你。”

维妮弗里德的脸上露出了幸福的笑容，扑进我的怀里：“你是个好妈妈，我想我永远也不会离开你的。”

6.站在孩子的角度，才能正确引导他们的行为

我在教育女儿的过程中，深感抚育孩子是一件很冒险的事情，因为父母稍不小心，就会伤害孩子的感情，并给她性格蒙上终身的阴影，这种损失比任何其他损失都要大。

我认为，人作为社会群体中的一员，应该对自己的行为有所约束，加强自己的修养，使自己成为受社会欢迎的人。因此，我一开始就非常重视教育女儿与人为善。但是，如何

有效地进行这样的教育，单靠灌输应该与不应该是完全不起作用的，因为这样做有违人的天性。尤其是对孩子来说，强制措施只能引起他们的反感。

有的父母看见自己的孩子当众使性子、发脾气，常常觉得很没面子，会在心里产生这样的念头：真丢人，别人肯定会说我没有能力管教好孩子。几乎所有的父母都有这种想法。

在很多情况下，当孩子在公开场合有异常表现时，父母首先想到的是自己的脸面，却很少有人真正地去关心孩子此时的内心感受与需要。父母会立刻认为那是胡闹，太丢人了，并立即加以制止，甚至用强硬手段要孩子停下来。其实这种做法很不妥当。作为一个理智的成年人，脑子里有成套的清规戒律：什么样的行为可以接受，什么样的行为不可以接受。在情感表达上也有明确的区分，什么样的情感值得称道，什么样的情感是不对的。当然，教会孩子懂得这些是很重要的，但只用强迫手段而不主动走进孩子的内心，孩子是不会接受成人的行为规范的。

有一次，我带维妮弗里德做了一次长途旅行。在火车上，我看到了穿戴考究的一家人。这家人有两个儿子，一个7岁左右，另一个大约4岁。上了火车，我一看见这两个孩子，心里就叫苦，估计这一路不会清静，做好了应付吵闹和爬上爬下骚扰的准备。然而，出乎我意料的是，两个孩子竟然正襟危坐，桌上也未摆放任何玩具和书本，弟弟有时探过身子逗逗哥哥，但绝不发出吵闹声。

与此相反，维妮弗里德这时却兴致勃勃地看着窗外的风景，不停地问我问题。如果在以前，我一定会夸这家的父母管教有方，甚至会请教他们用了什么好方法。但这时我看看那两个呆坐着的孩子，又看看活泼可爱的维妮弗里德，突然为这两个孩子感到悲哀。

我每次带女儿出门，一定会带足够的玩具和食物，使她能够在漫长的旅途中得到消遣。孩子总是好动的，需要玩耍和娱乐，让他们像成人一样正襟危坐，的确太勉强他们了。

我不禁为那两个孩子感到担忧，他们是否会过早地被行为规范所约束，因而其本性得不到充分的发展而出现病态呢？

我认为，要想使孩子接受纪律的约束，必须经历一个循序渐进的过程。他们只有在明白了许多的应该和不应该之后，才能顺利地溶入社会，才不至于因与社会格格不入而屡屡受挫。但是，怎样去引导他们，应该引导到什么程度，都是父母需要仔细思量的事情。一不小心，就会伤害孩子稚嫩的情感，留下终身的阴影。等他们真的受到伤害，那么一切就难以挽回了。

但是，如果孩子不听话，或者无理取闹，父母又该怎么办呢？是惩罚他还是责备他？我认为，首先应该意识到这是孩子向父母发出的信号，他在表达自己内心的一种需要，这是很正常的。人人都有需要发泄的时候，只不过成年人懂得控制自己，而孩子却不懂得注意方式和场合。如果父母能够理解孩子的心理需求，就不会草率地加以纠正，而是设法找出孩子这么做的原因。只有当孩子知道别人能理解他的心情时，他才会平静下来，才能听从父母的解释和引导，否则只会和父母对着干。

维妮弗里德小的时候，有时会特别固执，自己认准的事情必须干到底，否则就发脾气，找借口哭闹，曾经一度让我十分头疼。

有一次，家里来了很多客人，其中还有和维妮弗里德年龄相仿的孩子，女儿本来是高高兴兴的，但不知什么事惹恼了她，突然发起脾气来。

我想一定有原因，就马上把她带到外面问她："妈妈知道你心里不痛快，能不能告诉妈妈为什么呢？"

女儿说："我刚才见你只顾招呼别人而不理我，我以为你不喜欢我了。"

原来如此，我把她抱了起来："傻孩子，妈妈怎么会不喜欢你呢？因为他们是客人，我当然要对他们热情一些，不然以后人家就不会到我们家来了。对客人热情，这是礼貌，我不是教过你，要做懂礼貌的孩子吗？你应该相信妈妈，我最喜欢的就是你。"

维妮弗里德高兴起来，不仅没有再发脾气，还帮着我去招呼客人。

很多父母经常会为孩子的愤怒和恶意感到吃惊，简直不知如何是好。但是，我们应该知道，如果父母也像孩子一样不能控制自己，那么事情会越来越糟。父母作为成年人，应该采取一种轻松幽默的方式来对待孩子的无理取闹。维妮弗里德之所以特别招人喜爱，与我对她的引导是分不开的。

维妮弗里德长大后曾在日记中讲述了当年我教育她的一件事。

“还记得小时候，有一次我无缘无故地发脾气，还摔坏了一些玩具，但妈妈并没有责骂我，反而坐在椅子上和我开玩笑说：‘维妮弗里德，我看你火气大得要扔东西了吧？你一定看我不顺眼，我是不是先躲一躲，免得你把我吃了？’听了妈妈的话，我突然觉得自己的举动很可笑，于是就放松了，心里的烦恼似乎也少了许多。

“还有一次我发脾气，妈妈没能使我平静下来，而我还说了让妈妈十分难堪的话。我发现她的脸色很不好看，但她没有发火，而是缓缓地说：‘你不知道你的话让我有多难过，我们以后再找机会谈这件事，好吗？’我真恨自己，我知道自己是怎么让妈妈伤心的。也许从那时起，我真正懂得了怎样理解别人，以怎样的方式去善待别人。”

7.只有自私的父母，才会逼着孩子去做事

也许世上所有的父母都曾满怀希望地为孩子制订最好的计划，但在做这些努力的同时，却很少有人仔细考虑过，对孩子最重要的究竟是什么？我并不是在这里凭空乱说，因为在生活中，这样的父母的确很多。

父母不辞辛劳地教育孩子，而常常会忽略孩子健康成长最重要的因素，以至于他们的辛劳不仅不起作用，反而给孩子的童年蒙上了痛苦的阴影，并给家庭的日常生活带来了不必要的烦恼。

邻家有个孩子叫吉娜，她的母亲希望她成为一个有修养并有多种爱好的人，于是就给她买了一把名贵的小提琴，还请了老师来训练她。有一天夜里，吉娜在忙于功课。不知什么原因，已经超过了好长的时间，她仍然没有做完功课。

母亲看了看表，离睡觉还有一个小时，照这样下去，不是影响睡眠，就是不能练琴了，心里不免着急起来。

“吉娜，你别忘了今天还要练琴。”

“我知道，可是我的功课还没做完，你总不能让我不完成功课就练琴吧。”

“那你为什么不快点儿呢，功课不是不多吗？”

“可是我一直在做呀。”

这时吉娜的母亲无话可说，只能看着女儿做功课。看到

女儿满不在乎的样子，她心中不禁冒出了无名怒火。

吉娜终于做完了功课，开始慢慢地收拾书本，这时离睡觉只有半个小时了。

“你能不能快点，还有半小时就要睡觉了。”母亲焦急地说。

“好了，好了，这就开始。”吉娜拿起了小提琴，心不在焉地拉了起来。

母亲越看越生气，忍不住责备起女儿来：“你怎么一点儿都不认真，练琴也要我来监督，你不害羞吗？”

“你别来干扰我，不是说好了练琴不归你管的吗？”这时吉娜的心情也糟透了，带着一肚子气拉着琴。

母亲见女儿练琴不过是在应付，心想睡觉的时间眼看要到了，如果让她现在就停下来，练习没有任何效果，如果继续练，又会影响休息。想到这里，母亲终于再也控制不住自己，对女儿吼道：“如果你不想练就别练，不要浪费时间。”

“不练就不练，本来就是你要我练的。”吉娜也火了，把琴胡乱放进琴盒里就走。

“把乐谱收好再走！”母亲说。

吉娜极不情愿地整理那些乐谱，故意做出满不在乎的样子。

“快点儿，慢吞吞的像什么话！”

“我已经够快的了，还要多快！”吉娜终于也吼了起来，“烦死人了！”

“你说什么？你说谁？”

母女俩开始大吵起来，谁也无法控制自己的情绪。很快，吉娜就委屈地哭了，抽泣着上了床。这时已经过了睡觉时间。母亲的心里非常难过，想到女儿琴没练好，睡眠时间也没有保证，两头都落了空，还弄得母女俩心情恶劣，越想心中越懊恼。

用这种方式去培养孩子的爱好，还不如不培养，培养孩子爱好的目的正是为了让孩子在成长中获得乐趣，而吉娜母亲的做法，根本不可能让女儿通过学习音乐获得快乐。相反，还会成为她的一个负担，使她对音乐深恶痛绝。

父母在让孩子学习某种技能或向他们灌输知识的时候，如果操之过急，只会引起孩子对学习的厌恶，导致心情抑郁，从根本上影响孩子对生活的认识，使孩子无法健康地成长，这是得不偿失的事。很多父母都对这一点没有深刻的认识，又常常无法承受这种懊悔与愧疚。

对孩子来说，成长中最重要的是积极乐观的生活态度和健康的体魄，这两点也许是培养所有其他能力的基础。

我要在这里奉劝那些为孩子的教育感到烦恼的父母，应该经常问自己：对孩子来说，最重要的是什么？如果连这一点都不清楚的话，是不可能给孩子一个幸福的未来的。

第十章　优秀的品德，应该从摇篮时期开始培养

一些父母在对孩子进行早期教育时，只注意孩子的智力和爱好的发展，重视拓宽孩子的知识面和学习某种技能，而忽略了诸如责任心等重要品质的培养。这种做法是十分错误的。

1.从小培养孩子主动争取机会的意识

我理想中的女儿应该具有优良的品德、健康的身体和出色的才能，三个方面缺一不可，否则就不可能成为一个优秀的人才。我一直认为，如果只注重女儿的身体，那么她就会变成一个无知、粗野的人；只注重她的才能，她有可能变成一

个弱不禁风的人，或者没有是非观念的人；如果只注重她的品德，那么她有可能变成一个只有想法而没有实际能力的废人。为了让小维妮弗里德长大成人后能有一个高质量的人生，我对她的教育从一开始就是三方面兼顾的。

教育孩子不仅是培养他们的能力，同时还要培养他们的品德，这一点不仅对孩子极为重要，对父母们也是如此。我从一些早期教育的成功例子中发现，那些音乐大师、艺术大师、大文豪和大科学家的产生，都离不开合理的早期教育。因此，就像智力的培养要从孩子一出生就开始一样，优秀品德也必须从摇篮时期开始培养，否则就没有任何希望。

我从自己的经验和见闻中得出这样的结论：在培养孩子优秀品德的过程中，母亲的作用是最关键的。之所以这样说，主要是因为母亲是最早陪伴孩子的人，也是陪伴时间最长的人，她会成为孩子的模仿对象，她的言行举止将对孩子产生深远的影响。

如果母亲严以律己，做孩子的好榜样，努力培养孩子的好品德，为孩子奔赴美好前程积极地创造条件，在做这一切的同时也就使自己成了一个伟大的人，这样的母亲是值得尊敬的。

年轻的父母们，请相信我，一定要记住孩子的命运就掌握在你们手中。

有些父母会说："我给孩子创造了那么好的条件，从小就教育他，可他一点也不肯合作，我有什么办法呢？”

我认为这肯定是父母的方法不对，应该在自己身上找原因，而不应该埋怨孩子。因为孩子会受父母的影响，这是一个永远不变的规律。

在维妮弗里德小时候，我也常常面临这样的问题，但我从来不把责任推到女儿身上，而是尽力用自己的行为去影响她、帮助她。

现在有很多父母只注重孩子的能力，而忽略了孩子的自主意识、独立精神和创造性。另外，由于每一个家庭都住在彼此隔离的环境中，孩子们独来独往，互相缺乏交流，这种情况很容易造成他们孤僻、自私的不良性格。毫不疑问，上述情况会妨碍孩子形成友爱互助、善良宽容等优良品德。

正是考虑到这些原因，我在一个周末为维妮弗里德组织了非正式的团体活动，让女儿的小伙伴们聚集起来，指导他们进行一些有益于身心发展的活动。我创办这一活动的初衷是为了帮助维妮弗里德。女儿很清楚这一点，并很喜欢参加这些活动，因为这些活动的主要内容就是玩，还有一些平时自己一个人无法玩的内容。不过，假如不是我主动提出，她肯定是不会主动要求召集孩子们来参加的。似乎非得有人来请她参加，她才会这样做。我想别的孩子也是这样的吧。

在维妮弗里德的生活中有很多这样的机会，她并没有珍惜。而参加活动的其他孩子都非常踊跃，表现出极大的热情。

我相信如果我告诉女儿第二天有活动，她一定会参加，但我更希望看到女儿再热情一些，希望她能珍惜这样的机会，而不是用一种坐享其成的姿态去接受它。

为了对女儿有所帮助，首先我要让她意识到这一切并不是理所当然地提供给她的，只有当她表现出足够的主动和热情时，才有资格享受这种活动的乐趣。

在那次聚会中，孩子们对表演产生了很大的兴趣，他们穿上漂亮的服装，“白雪公主”、“睡美人”在假想的舞台上走来走去，有的演公主，有的演王后，有的演卫兵，一个个兴致勃勃。

一些孩子的父母听说这个活动后，向我提议让孩子们自己选择一个故事，读熟之后分派角色，然后自己写出剧本来演出。这无疑可以激发孩子们对阅读和写作的兴趣，我当然赞成这个好主意。本来想让维妮弗里德来组织这件事，以培养她的组织能力。但再一想，为什么不利用这件事来激发女儿的进取心呢？于是我采取了另一种方式。

我找来另一位小朋友，把这次活动的组织工作都交给她去做。维妮弗里德知道后立刻愤愤不平起来，不满地对我说：“为什么不把这件事交给我来做，我能做好的。”

“我还以为你没有兴趣呢。”

“谁说我没有兴趣？我有兴趣。”

看到女儿那愤愤不平的样子，我反而感到高兴，因为我终于激起了她主动争取机会的意识。举行第二次活动时，维妮弗里德再也不像过去那样漫不经心了，而是主动要求做这做那。

我认为，重要的是让女儿明白机会要去争取，而不应该消极等待，现在如此，将来更是如此。女儿明白了这个道理，就会变得积极起来，不再对机会无动于衷。

人们往往对自己珍惜的东西利用得比较充分，从而获得更大的收益。因贫穷而失学的孩子一旦有机会读书，往往会有惊人的表现，这并不是因为他们比别的孩子聪明，主要是因为他们非常珍惜读书的机会。

维妮弗里德的成长环境比较好，我当然不能故意为她创造贫穷的环境来让她经受磨炼，但我有责任让她知道，好的成长环境是多么来之不易，多么值得珍惜。

女儿知道我爱她，愿意把世上最好的机会提供给她，这种认识使她很有安全感，这对她在情感上的健康成长是必要的，但同时，我要让她认识到我对她的爱是应该珍惜的。当我在爱的驱动下尽力为她创造好的成长空间时，她有责任积极配合，否则，我不可能无止境地去做无用功。

在维妮弗里德的成长过程中，我经常提醒她明白这一点，这并不是图她将来的报答，而是要让她明白，要想得到机会就必须尽力争取。我们都知道，一个人的成功往往是由于善于利用各种机会。为孩子提供机会固然重要，但更重要的是让孩子懂得珍惜机会，进而学会积极争取机会，这样才能为孩子的成功打下坚实的基础。

作为陪伴女儿时间最长的人，我总是在日常生活的细节上有意培养她这种积极争取的品德。因为我知道，如果只给她机会，而不让她知道机会的可贵，那么她就很有可能成为得意忘形的人。这样不仅不能使她将来有所成就，还会使她变得目光短浅、自以为是。

2.想让孩子诚实守信，你先做个好榜样

在对女儿的品德教育上，我一直坚持如下原则：要想使女儿树立正确、健康的道德观和价值观，首先需要我本人有正确的观念与标准。教育孩子的过程往往就是父母自我教育的过程。

我们生活在社会之中，每个人的行为都要受社会规范的约束。每个社会和每个时代，都有它对社会规范的独特理解和独特的价值体系。但是，无论是过去还是现在，都会遵循一些共有的基本价值标准。这些基本标准包括诚实、勇敢、自律、忠诚、守信等。无论在家庭还是学校，孩子们都在有意无意地受到这些价值观的影响。我认为，这些并不是空洞的说教，而是一种行为准则，是孩子们必须从小就建立起来

的优良品质。

有一次，我的同事沃尔夫先生对我说：“我儿子太讨厌了，他老是迟到，好像完全没有时间观念。我总是耐心地和他讲道理，可他总是听不进去。你女儿维妮弗里德也是这样吗？”

听他这么说，我就要他告诉我他是怎么给孩子讲道理的。沃尔夫先生立刻举了下面这个例子。

“恩特斯，我跟你说了多少次了，要遵守时间，否则就会耽误别人的时间，也会给别人留下坏印象，你难道忘了吗？”儿子迟到时沃尔夫这样对他说。

恩特斯满不在乎地回答说：“我当然没有忘记，你给我讲过多少次了。”

“那你为什么还是老样子？”

“我也知道不太好，不过，我觉得也没什么大不了的。”

“什么？”沃尔夫先生有些生气地说，“没什么大不了？你从小就这样不守时，将来谁还会信任你呢？”

恩特斯见父亲有点生气，就说：“你已经是大人了，不也过得不错吗？没见你有什么麻烦呀！”

“你这是什么意思？”沃尔夫先生不明白儿子在说什么。

恩特斯说：“哦，可能你已经忘了，你好几次答应带我去海边玩，可是到现在你一次都没有带我去过。”

“我工作太忙了，这段时间有很多的会要开……还有那些论文……那些学生……”说到这里，沃尔夫先生尴尬地住了嘴，不知该怎样往下说。

我对沃尔夫先生说:“哦，这样可就不对了。你要求儿子守约，可自己却没有先做到。”

虽然这只是一件小事，父亲工作忙，的确有身不由己的时候，他也想带孩子去海边玩，但由于自己的原因不能去，可是事先又向孩子许了诺，这件事确实不好办。可是，孩子会怎样想呢？他会得出一个什么样的结论呢？他也许会想：爸爸不守约，过得也不错嘛，大概不守约也没什么大不了的，我也不用为这个问题伤脑筋，去纠正这个无所谓的缺点。有了这样的想法，无论有多少次教训恐怕也不起作用。

更糟的是，单纯的孩子还会这样想：父亲就知道对别人守约，尤其对工作上的事，但对我的事却可以不当回事，看来守约也要看兴趣或分等级，不必每件事都守约。那么，不守约也不能算错了。如果孩子这样推理，父母往往无法反驳。

很多父母常常抱怨孩子不听话，不肯接受自己讲的道理，可就是不去想想自己有什么不对。这样的父母常常用自己的行为去颠覆自己讲的道理，使孩子认为父母言行不一。他们会认为父母是不可信的，对于父母的话不必认真对待。这样，孩子根本就不可能按父母说的道理去做。

有一个周末，维妮弗里德和好朋友贝蒂约好星期六到她家参加一个聚会，并带上自己的一些有趣的玩具。起初我并不知道这件事，到了星期五晚上，我和女儿商量第二天一起去郊游，还有爬山和划船等活动，在外面住一夜，星期天再回来。这时，贝蒂的父亲到我家来，转告贝蒂给维妮弗里德的口信，要她别忘了带小提琴。

贝蒂的父亲走后，我问女儿："你是不是和贝蒂约好去她家聚会？"

"是的，可是我更想和你们出去玩。"

"不行，答应了人家就一定要守约。"

"可是明天去贝蒂家的人很多，又不缺我一个。"

"不，我觉得贝蒂是很重视你的，不然也不会让她父亲专门来提醒你。何况，你还答应了给她带小提琴和玩具去。你想想，如果你不参加又没有把那些东西带去，贝蒂一定会觉得很失望。上次你约她一起做游戏，结果她临时改变了主意，你忘了你有多生气吗？"

维妮弗里德还有点犹豫。我继续开导她："违约是不对的，这样很不礼貌。这样吧，我们下星期再去郊游，你明天去贝蒂家玩，好吗？"

女儿想了想，接受了我的建议。这件事，从某个角度看，我和丈夫都做了一点牺牲，但是为了培养女儿良好的行为方式，我认为这是值得的。

3.缺乏责任心的孩子是不健全的

一些父母在对孩子进行早期教育时，只注意孩子的智力和爱好的发展，重视拓宽孩子的知识面和学习某种技能，而忽略了诸如责任心等重要品质的培养。这种做法是十分错误的。

如果一个孩子缺乏应有的责任心和综合能力，无论他多聪明、多有知识，也不可能成为一个健全的人。孩子从小到大，在很多方面都需要有过人的能力，有时候责任心比知识技能更为重要。如果不从小培养孩子的责任心，就算将来有了丰富的知识和高超的技能，也不可能把自己的能力充分发挥出来。

一个孩子在比较艰苦的环境中，往往会更多地参与家庭生活，为父母的事业助一臂之力。因为这样的孩子知道父母谋生不易，自己必须为父母分担一份责任，照顾好弟弟妹妹，注意节约，为家里减轻负担。孩子看到父母为了一家的生活而辛勤劳作，就会感到自己肩上的责任，希望有一天能为父母分担忧愁。这一切都会使孩子从小看到自己生活的意义，看到自己的行为对别人产生的影响，从而感到自己是有归属的，是有用的，自豪感和责任心便油然而生。

随着年龄的增长，孩子与社会的接触面在扩大，这种责任心与自豪感的内容也会增多，不再局限于自己的家庭，但是，在家庭中培养出来的这种感觉，是将来责任感的基础，如果家庭中没有这种基础，那么对社会和人类的责任感就无从谈起。没有责任心的孩子，是不可能取得很大成就的。

为了使维妮弗里德从小就具有责任心，无论她在家里还是和别的孩子在一起，我都会有意让她充当一些有意义的角色，使她意识到自己的行为对他人，对群体所产生的作用，同时也培养她的自信心。

我常常让女儿做我的“助手”，帮我做一些她力所能及的事，从而培养她的责任感和能力。这时，维妮弗里德总是很乐于参与，同时也为自己日渐增长的能力感到自豪。我经常给她安排一些适合她做的劳动，比如打扫卫生、浇花等等。

我在家里始终与女儿进行平等的交流，因为这也是培养她责任心的一种方式，我不仅了解她的内心感受，也和她谈我自己的喜怒哀乐。有些父母认为没有这个必要，不应该对孩子讲大人的事，还会以自己太忙为由，避免与孩子交流。然而，这些父母却不知道孩子的感觉有多么的敏锐，只不过大人往往不去注意孩子的心理活动罢了。孩子常常会很关心地问父母：“妈妈怎么啦？不高兴了吗？”但很多父母却不重视孩子的这类问题。我认为，对于孩子的这种表现应该鼓励，并耐心地与他们交流。

有一次我心里很烦，因为我马上要去参加一个有关世界语的会议，而维妮弗里德的父亲去了外地，保姆又恰巧家中有事请了假。这样一来，只剩下女儿一个人在家了，可她的晚饭怎么办呢？

见我焦虑不安，维妮弗里德赶紧过来问我：“妈妈，你怎么啦？出什么事了吗？”

我对她说：“我马上要去开会，只能让你一个人在家，我在为你的晚饭发愁呢。”

女儿说：“原来是这样啊。没事没事，你去吧，我知道怎样照顾自己。”

“真的吗？”我问女儿，“你一个人在家不怕吗？妈妈可能会很晚才回来。”

“不怕，我可不是个胆小鬼。”

“那么你怎么做晚饭呢？”

“我有巧克力面包。再说我已经会用火炉了，我可以自己煮牛奶。”

“可是……”

“没关系。你要去工作，我照顾好自己就是帮助你，这是我的责任呀。你不是经常告诉我要有责任心吗？”

听了女儿的话，我真有些感动，因为女儿已经懂事了。

4.孩子的勇气都是父母给的

有一次，维妮弗里德因着凉得了感冒，吃了一些药仍然不见好转，还发起了高烧。我赶紧请来了大夫。大夫说女儿需要打针，否则高烧有可能引起肺炎。大夫说话时语气很平静，因为他每天都要给无数个病人打针，而我却有些担心，不禁皱起了眉头。

维妮弗里德虽然是第一次听到“打针”这个词，但她见我神情紧张，再看看忙碌的大夫在摆弄针头和药品，心里突然发紧，哇地哭了起来。大夫把注射器扎下去后，女儿顿时哭得更厉害了。后来我想，女儿之所以害怕，可能是因为看见了我担忧的神情，因为我的神情告诉她这是件很严重的事。我想，如果女儿连打针都害怕，怎么能成为一个勇敢者呢？想到这里，也为自己当时的紧张感到脸红。因此，在维妮弗里德第二次打针时，我采取了另一种态度。

第二天，大夫按约定的时间来到我们家。维妮弗里德一见大夫走进来，立刻躲进了自己的房间。大夫看见她的样子，一下子就笑了起来：“哦，小姑娘害怕了。嘿，机灵鬼，不要怕，我可不是个坏蛋。”

“维妮弗里德，快出来，大夫是来为你治病的。”女儿假装没有听见，仍然躲在房间里不出来。

我只好把大夫带到她的房间里。这一次，我非常平静地对她说："维妮弗里德，打针没什么可怕的。不是吗？你昨天刚打过，并没有什么呀？"

"可是我怕疼……疼……"

"没什么好害怕的，妈妈小时候打过的针数也数不清，不也好好的吗？再说，为了治病，那一点点疼算什么呢？我相信你是个勇敢的孩子。"

一听到"勇敢"这个词，维妮弗里德顿时忘记了害怕。这一次，女儿不仅没有哭，还和大夫聊上了。

很多时候，锻炼孩子的勇气，往往是对父母勇气的一个考验。如果父母自己也对困难或危险感到害怕，那么他们培养出来的孩子就不可能有勇敢精神，有些父母只是为了孩子的安全担心而牺牲了锻炼孩子的机会，我认为这实际上是一种很自私的做法，因为这些父母主要是为了保护自己的感情不受到可能发生的危险所带来的伤害。

维妮弗里德 4 岁时，我带着她出去游玩，当时同行的还有女儿的外婆。我母亲对小外孙女关心至极，有时我甚至都有点嫉妒了。在爬一个小陡坡时，维妮弗里德显得很害怕，她每走一步都要回头看看我，看来，她频频回头是想让我把她抱上去，我有意想锻炼她一下，假装没有看到她的暗示，只是不停地向上爬。我相信，小维妮弗里德虽然是第一次爬陡坡，但她是能够爬上去的，这是锻炼她胆量和技能的一个好机会。

但是，女儿的外婆却很担心，怕小外孙女摔下来，又怕她娇嫩的小手磨破。外婆时而停下来看看维妮弗里德，时而担心地嘱咐她一声，时而又叫前面的我慢点。后来，维妮弗里德害怕了，不肯再往上爬。这时，我回头对女儿说："维妮弗里德，别怕，你看妈妈不是已经爬了这么高了吗，不会有事的，我相信你是个勇敢的孩子。"在我的鼓励下，维妮弗里德终于战胜了恐惧，最后还是凭着自己的努力爬到了坡顶。

事后，我母亲责怪我，说我不该让女儿冒险。我对她说："要是维妮弗里德真没有能力爬上去，我是不会让她这样做的。而且，我是想让她做一个勇敢的人。"

女儿虽然小，但也能够胜任很多事情。如果大人总是在她面前显出担心的样子，那么她本来具有的能力也会被恐惧压倒，本来就有的勇气也会消失殆尽。

我发现，有时候维妮弗里德很反感别人像放风筝似的牵制着她，她期望我们不要总是表现出那种过于细腻的关心，因为这样她会觉得在别的小朋友面前很丢脸。看到别的孩子放心大胆地玩而自己总是被妈妈跟着，她会觉得很厌烦，认为是我们多此一举，对她不公平。我们越对她不放心，她就越气恼，并产生逆反心理。

很多父母为保险起见，对孩子呵护备至，致使孩子缺乏勇气。我认为这种做法很不妥当，父母应该克服这种狭隘心理，放眼孩子的未来，鼓励孩子去做力所能及的事情，使孩子成为一个勇敢者。

5.在孩子身上乱花钱是一种罪过

我常常在商店里看到这样的情景：孩子死乞白赖，要求买这买那，父母试图制止，但最终被孩子的哭闹搞得没办法，只好妥协，有时还会发生一场闹剧。

有一次，我陪来访的朋友一家去逛商店，维妮弗里德也跟我一起去。在商店里，我看见毛巾正在减价，想起家里的毛巾该换了，就选了几条，并对维妮弗里德说："你也选一条自己用。"于是，女儿就选了一条。

朋友的女儿米娜见了，也走上来说："我也要一条毛巾。"

我见朋友不说话，忍不住问米娜："你缺毛巾吗？"

"不缺。"

"你要买毛巾带回去吗？"

"不。"

"那你为什么要买毛巾呢？"

"因为维妮弗里德买了一条。"

"是这样啊。你知道我为什么要买毛巾吗？因为我家的毛巾该换了，这里又正好在减价，所以才买，可我不明白你为什么要买。"

这个平时稍不称心就在母亲面前大哭大闹的孩子，这时却出乎意料的讲理，什么话也没说就把毛巾放了回去。

后来，我和这位朋友谈起了这件事，问她为什么如此放纵孩子的购物欲。她对我说:“你不知道她闹起来有多厉害,她想买就买吧,免得她吵,而且我觉得她挺可怜的。”

我知道她的意思。她和丈夫已经分居好几年了,到现在还经常发生冲突。她不希望孩子再在其他方面受到伤害。

不管怎样,我还是认为朋友的做法不对,因为物质并不能弥补孩子在情感上遭受的伤害,反而会使受伤的心灵变得扭曲。孩子是聪明而敏感的,她能感觉到父母心中的内疚,因此会毫不客气地利用这种心理,养成一些很坏的习惯。更为严重的是,父母的这种心态会对孩子产生恶劣的影响,会使她夸大自己的不幸,更觉得自己可怜。

在我看来,孩子是懂道理的,关键在于父母怎样去引导,如果在心里认为她可以毫无顾忌地购物,只会使她养成不良习惯,并形成一种观念,就是无论她想得到什么,父母都有责任予以满足。这样做真是非常愚蠢。

有一次,我和维妮弗里德在街上散步,正好经过一个文具店,就顺便带她进去看一看。女儿被一套漂亮的画笔吸引住了,看了又看,不肯离开。她对我说:“妈妈,我想买那套画笔。”

我问她:“为什么呢?”

她回答说:“因为它们很漂亮。”

“可是,你不是有一套这样的画笔吗?”

“那是两个月前买的,已经很旧了。”

"什么？两个月前买的，现在就旧了？我听说有一位伟大的画家，一套画笔用了十来年还不舍得扔掉。再说，画笔只要能用就行了，旧不旧有什么关系呢？"

"哦，妈妈，你真小气。"维妮弗里德说。

"我不认为节省就是小气。节省是对的，省下的钱可以买其他有用的东西。"

在生活中的每个小细节上，我都要教育女儿养成节俭的习惯，我认为节俭是一种美德，无论是在困难年代还是富裕年代，我们都应该崇尚节俭。从小的方面看是为了居家过日子打算，从大的方面看则是为人类后代节约资源，无论从哪个角度看，都应该崇尚节俭的好习惯。

我认为，从孩子很小时起就应该教他们节俭，有些父母自己很节俭，却不惜在孩子身上浪费，虽然这体现了对孩子的爱，但绝不是一种明智的选择。我说的不是那些衣食无着的贫穷人家，而是那些家境殷实的人家。那些孩子消耗了过多的物质，浪费了太多的钱财，这无疑是一种罪过。这不仅是在浪费自己家的钱，也是在浪费人类共有的资源。

我常常对女儿说，应该省钱，不要随便浪费东西。我要让她知道，一切东西都来之不易。

6.让孩子自己做力所能及的事情

维妮弗里德到了六七岁，已经是非常受人欢迎和喜爱了，因为她对人友善，常常帮助别人做一些她能做的事。人们都夸她是一个勤快的孩子。

维妮弗里德取得了一些成就后，有很多年轻的父母向我请教孩子教育方面的问题，令他们惊讶的不仅是维妮弗里德的学习能力，还有她的那些好习惯。经常有人问我，这么小的孩子居然那么明白事理，那么勤快，是不是天性如此呀？他们多半会问我维妮弗里德在家里受了什么样的训练，有什么秘诀。面对这些问题，有时我真不知该怎么回答才好。不过有一点我可以告诉大家，那就是我经常鼓励女儿做自己力所能及的事。

通常，只要是女儿自己能做的事，我绝不会去帮她做。如果什么事都替她做，就等于取消了她自己动手的机会，还会使她养成对自己的行为不负责任的坏习惯，并且形成对别人的依赖性。我时常告诉女儿，能够做到不依赖他人，才有信心独立而骄傲地做人。我有意识地让她形成独立和勤劳的好品德。

维妮弗里德2岁时，有一天在客厅里蹒跚地走来走去，这儿摸摸，那儿看看，对一切都很感兴趣。突然，她手里的点心掉到了地上。她没有管它，只顾往前走，就像没有看见一样。我指指垃圾桶，要她把点心捡起来放进去。女儿似乎没有明白我的意思，一动不动地站着，惊讶地看着我，就是不按着我说的去做。

“听到妈妈的话了吗？”我又一次对她说。

这时维妮弗里德的父亲插话说：“女儿还不懂事，干吗一定要让她去捡？”

“我来吧。”家里的保姆赶紧走了过来，想去捡起那块点心。

我伸手挡住她说：“安娜，别这样，让她自己来。”

维妮弗里德看了我一眼，身子往前挪了挪，似乎要看看忽略我的要求我会怎么办，看样子她想马上走开。

“维妮弗里德，”我立即走了过去，在女儿身边蹲下，“点心是你掉的，你应该自己捡起来，对吗？好孩子应该做自己的事。”

看着我柔和但坚定的神情，女儿终于妥协了，慢慢蹲下去，捡起那块点心，又蹒跚地向前走去。

很多父母往往认为孩子太小，遇到问题不能自己解决。实际上，我认为父母应该相信孩子的能力，相信很多事情孩子都能自己做好，只不过他们有时需要指导罢了。父母应该陪伴和指引孩子一起探索，不能让孩子永远躲在大人的身后，而应该让孩子学会适应生活，给他们体验生活和锻炼自己能力的机会。只有这样，孩子才会乐于做一些自己该做的事，养成勤劳的好习惯。

有的孩子在逐渐学会做不少事情后，会觉得家务事既没有新鲜感也没有学习新东西时的乐趣，于是就把家务事当成了负担。由于孩子失去了做事的主动性，那么培养孩子勤劳的艰巨任务就落在了父母的肩头。

在这一阶段，父母不能像过去那样什么事都顺着孩子，而应该有意识地使孩子认识到做家务的重要性。在孩子表现出对家务事的厌恶时，父母不应该命令他们去做，这样只能引起孩子的反感。孩子需要的是把道理搞明白，而不是父母做这做那的命令。如果父母因孩子不肯做家务就发火，并训斥孩子，这就更不妥当了。强制孩子做事的结果就是孩子索性什么也不做，宁可挨训，也不会再去做一丁点儿事情。

维妮弗里德两三岁时，经常到厨房来帮我做一些事，虽然都是些很小的事，但她仍然干得兴味盎然，这是因为她从中找到了一种乐趣。正如前面所说，她在满足自己的好奇心和求知欲，这可能是她别出心裁的一种玩法。

到了五六岁，女儿反而没有了做事的热情，有时甚至会偷懒，故意不做我安排的事。有一天，我看见维妮弗里德躺在床上看一本带插图的书，房间里乱糟糟的，她的袜子扔在地上，手绢也很随便地放在桌子上。

“维妮弗里德，我不是告诉过你要把房间收拾好，还要洗干净你的袜子和手绢吗？”

“我知道，等一会儿就收拾。”

“怎么还要等一会儿？你早上就答应过我的。”

“没时间了，我还要看书，等一会儿我叫安娜帮我收拾。”

“不行，你自己的事怎么能让别人替你做呢？”听女儿说要保姆安娜替她做事，我有点生气了，但还是尽力控制自己不发火。“维妮弗里德，这样吧，既然你不想干活，不如听我讲一个故事吧。”

女儿听到我要给她讲故事，立刻就从床上跳了起来。

“从前有一位母亲，非常爱她的两个儿子，从来都不肯让他们做任何事情，担心累着他们。”

我才开了个头，女儿就打断了我：“你看，人家的妈妈多疼孩子，哪像你，总是让我干活。”

“别打岔，先听我说完。那两个孩子，哥哥很愿意享受妈妈的关心，什么事都不做，整天在床上睡觉，养得又白又胖；而弟弟呢？不愿意整天待着什么也不干，就经常帮妈妈做很多的家务。渐渐地，他学会了很多本领，会做饭、会洗衣，还会自己做一些有用的工具。

“后来，妈妈去世了。两个孩子也都长大了。由于他们是大人了，兄弟俩就分开来过。弟弟每天在外面辛勤劳动，挣了很多的钱，还娶了妻子，过着幸福的生活。而哥哥呢，还是像小时候一样成天在家里睡觉。

“有一天，弟弟有事去找哥哥，发现他还住在以前的旧房子里，房子破得不成样子，老远就闻到一股臭味。弟弟一推开门，你猜他看到了什么？”

“一定是那个哥哥死在了床上。”我话音未落，女儿就回答了我。

“对呀，你是怎么猜到的？”

“因为那个哥哥太懒，就知道在家里睡觉，不会自己养活自己，只好饿死喽。”

“那么，你希望以后被饿死吗？”

“我才不会呢！”说完，女儿立即开始收拾房间。

“你不要干活，躺着多舒服呀。”我见女儿开始收拾房间，心里非常高兴，但嘴上却在逗她。

“妈妈，别把我想得那么傻，这些道理我都知道，你以前说过的话我也都记得：一个人最好的品德就是勤劳。”

7.培养时间观念，让孩子生活得更有条理

有些人在独身时，很有时间观念，把自己的生活安排得井井有条，但是成家后反而没有了头绪，尤其是在有了孩子之后，家庭成员一多，时间就显得不够了，于是整天忙乱不堪，逐渐变成了一个毫无条理的人。这样的父母当然不可能让孩子形成时间观念。父母一会儿要求孩子这样，一会儿要求孩子那样，一会儿说饿了就去吃，一会儿又说必须按时进

餐，朝令夕改，让孩子无所适从。

由于父母没有时间观念，孩子就会在心理上松懈，逐渐发展到对什么都无所谓，见了好吃的东西拿起来就吃，不喜欢的书随意撕毁。这样的孩子是不可能养成良好的生活习惯的。

我认为，父母必须从小就告诉孩子，哪些东西对爸爸很重要，不能动；哪些是妈妈的东西，不能随便拿。如果弄坏了将会有什么后果，弄脏或弄乱了又将有什么后果。如果孩子不知道这么做的重要性，父母就应该声明，孩子同样要尊重父母的权利。

为了使女儿养成良好的习惯，我和丈夫都拿出了足够的耐心对女儿进行教育。我知道，只有父母能够坚持不懈地保持良好的习惯，孩子才有信心坚持下去。这些习惯往往体现在很小的事上，比如饭前洗手、向爸爸妈妈道晚安等。每当小维妮弗里德学会一种东西，往往会兴奋得手舞足蹈，一段时间后，她那股新鲜劲儿一过，就不想再坚持了，而是再寻找另一种有吸引力的东西。这时，我总会注意教女儿坚持每一个好习惯，我要让她明白，好习惯不是学会就算完，而是要坚持下去。维妮弗里德有时也明白这个道理，知道我希望她保持良好习惯的迫切心理，但她会顽皮地尝试一下，看看她不遵守又会有什么结果。

我非常重视培养女儿良好的生活习惯，在日常生活中时常对她进行教育。因为我知道，一个人只有形成健康的生活习惯，才能充分发挥自己的潜能，取得一定的成就。

有一次，我发现维妮弗里德在房间里坐立不安，一会儿干干这个，一会儿干干那个，显得非常焦急。

“维妮弗里德，你在干什么？”我问道。

“唉，太烦人了，我的事情太多了，我不知道该怎么办才好。”

“什么事把你烦成这样呀？”

“我要学语言，要做数学题，过一会儿还要练琴。可我的时间根本就不够。”

“你在房间里学习了那么长时间了，怎么功课还没做完？”

“是呀，我在这儿做了很久了，可是什么也没有做完。”

“为什么呢？”

“我刚学了一会儿语言，又想到数学题还没做，想去做数学题，可是语言课又怎么办呢？”

我知道女儿一定是把学习的程序搞乱了，结果做起事来没有头绪，导致心情不好。而心情烦躁的时候，根本不可能做好任何事情。

“我看，你先休息一下。然后给自己制订一个计划，把做每件事的时间都仔细安排一下，想一想哪些先做，哪些后做，这样可能会好一些。”

女儿采纳了我的意见，休息了一会儿，并按我的提议对自己的功课做了详细安排。

没多久，我发现女儿的功课已经做完，并开始高高兴兴地练琴了。

“有什么感觉，现在还烦吗？”

“真怪，现在好多了。我把功课做了安排后，果然没用多久就做完了。”

“是啊！维妮弗里德，今天的事就是给了你一个经验。以后无论做什么都应该有一个合理的安排，这样效果才会好。无论是在学习还是生活都应该这样。你要记住，有计划地工作才会有好的成绩，有规律的生活才会幸福。”

我认为，孩子很需要一种合理的生活节奏，学会制订计划，知道什么时候做什么，怎么做。这对孩子的成长是非常重要的。孩子只有明白了这个道理，才能渐渐形成一种良好的生活习惯。

8.不要包庇孩子的不良行为

由于年龄太小，孩子总是不太懂事的，在他们成长的过程中，也许会有各种各样的坏习惯，甚至还会有一些不良行为。有的父母在发现孩子的不良行为后不是责骂就是惩罚，我认为这种做法是不妥当的。明智的做法应该是注意教育方式，无论在什么情况下都不能伤害孩子，应该对事不对人。

维妮弗里德5岁时，有一次我发现她在没有得到别人允许的情况下拿别人的东西。我之所以没有说是“偷”，是因为我认为女儿的做法并不是真正的偷，而是因为她年龄太小，不明白这种行为有多恶劣。那天，我和女儿一起出去买东西，当我们快要回到家时，我发现女儿的手上拿了一个苹果，我感到很奇怪，因为我们根本就没有买苹果，那么女儿的苹果是从哪来的呢？我仔细回忆了这一天购物的情景，在路上我们曾在一家水果店前停留过，我意识到小维妮弗里德是在别人不注意时拿了那个苹果。

这件事让我深感震惊，我从来没有想到自己的女儿会做出这种事来。但是我并没有立即指责她，而是耐心地询问这个苹果是怎么来的。维妮弗里德并没有隐瞒，老老实实地把情况告诉了我：“我看见那个苹果很好看，我想它一定很好吃，所以就把它拿了回来。”

晚饭后，当家里只剩我和维妮弗里德的时候，我把她叫到我的书房里。这时我尽力用一种柔和的眼光看着女儿，并把她抱在膝上。

“今天你从水果店里拿那个苹果的时候付钱了吗？”我问。

“没有。”女儿说。

“我今天带你出去买东西，每样东西都是付了钱的。你知道我为什么要这样吗？”

女儿摇摇头，不知该怎样回答。

我说："拿了别人的东西要付钱，这叫买；如果不付钱，就叫偷，买东西是正常的，而偷东西是邪恶的。"

女儿说："水果店里有那么多苹果，拿一个有什么关系呢？那位先生以前还给过我水果吃呢！"

我耐心地开导说："水果店里当然有很多水果，但那都是卖的，水果店的老板必须靠它生活。他必须把水果换成钱才能维持生活，如果都被别人不付钱就拿走了，他的水果店怎么能继续开下去呢？那么他又靠什么生活呢？所以，不付钱就拿别人的东西是非常错误的做法。至于那位先生有时候送给你一个水果吃，是因为他看你是个孩子，喜欢你。那是他送给你的礼物，你可以接受。但是，这并不表示你可以随便拿。再说，人家对你那么好，你就更不应该乱拿他的东西了。"

这时，维妮弗里德明白了我讲的道理，并承认自己错了，表示以后再也不做这样的事。由于女儿每天睡觉之前都要听我讲故事，这天晚上，我为了让她更深刻地理解这个道理，就给她讲了一个我小时候听过的故事：

从前有一个小男孩，从小就养成了偷东西的坏习惯。有一天，他趁邻居不注意，偷了人家一个鸡蛋，并把鸡蛋拿回了家。他的母亲不但没有责怪他，反而还夸他能干。这样一来，小男孩不仅偷那些小东西，慢慢地变成了看中了什么就偷什么，每一次偷了东西回家都会得到母亲的夸奖。于是，这个小男孩长大后，成了一个凶残的强盗。终于有一天，他被抓住了。上绞架之前，他要求和母亲说句话。当母亲把耳朵凑到他的嘴边时，他却咬下了她的耳朵。

母亲痛哭着说："我对你那么好，你为什么这样对待我？"

强盗说："如果我第一次偷东西的时候你就教训我，我也不会落到今天这个下场了。"

维妮弗里德听完这个故事，流着眼泪紧紧地抱住我，她说："妈妈，你真是太好了，你帮我改正了错误，使我没有变成一个坏蛋……我多么恨自己……我是个小偷。"

我见女儿很难过，就安慰她说："不，你不是小偷。因为你不知道拿人家的苹果是不对的，所以我才给你讲了这些道理和这个故事。我相信，你懂了这个道理之后一定不会再那么做了。"

9.有爱心的孩子才可爱

维妮弗里德是一个懂得关心别人的孩子，这也是别人欣赏和喜爱她的一个主要原因。记得在女儿很小的时候，我就常常告诉她，一个没有爱心和同情心的人，永远也不会得到别人的尊敬和喜爱。我还告诉她，一切事物都是相对的，如果一个人只关心自己，那么就不会得到别人的关心。维妮弗里德从懂事起就明白了这个道理，并认识到了爱心对一个人来说有多么重要。

有一次，我从外面回来，刚进门就看见维妮弗里德正和邻家的孩子吉姆在用石头打一条从屋子旁经过的小狗。小狗被石头打中后发出了凄惨的叫声。我赶紧走过去制止了他们，并问两个孩子:“你们为什么要打那条小狗？”

“它长得太难看了，一点也不可爱……”吉姆说。

“我怕它咬我，所以想把它打走……”维妮弗里德指着小狗跑掉的方向说，“我想它再也不敢来了！”

“那条狗咬你了吗？”我问女儿。

“没有，我只是担心它咬我……它从院子外边过的时候看了我一眼……”女儿说。

“是呀。它不过是在院子外面，并没有走进来，怎么会咬你呢？我看那条狗那么小，躲你们还来不及呢，怎么敢过来咬你？”我说。

“可是它太难看了……”吉姆说。

“我看你才难看呢，你看你，满脸都是灰，衣服还那么脏。”

我这么一说，吉姆看了看自己身上的衣服，不好意思地笑了。

我说:“吉姆，那条小狗可能没有家，所以才那么脏，你不但不帮助它，还去欺负它，你不觉得害羞吗？还有你，维妮弗里德，你那样打它，它不咬你才怪呢。你想，要是有人欺负你，你会怎么办呢？”

这时，两个人都无话可说，不好意思地低下了头。

第二天，我为维妮弗里德买了一只小猫，那是一只特别可爱的小白猫，一身雪白，只有脑门上有一小块黑色。女儿很喜欢它，经常抱着它走来走去。当然，我买这只小猫，并不仅仅是为了让女儿玩，主要是以此来培养她的爱心。

有一次，小猫不小心摔伤了腿。维妮弗里德急得哭了起来，并要我去给小猫找医生。医生到了我们家后，小维妮弗里德不断地向医生介绍小猫的伤情，样子特别关切，就像她生病时我所做的那样。

医生对我说："我从来没见过像你女儿这么有爱心的孩子。很多孩子都喜欢欺负小动物，可你女儿却对小动物那么关心，的确少见。"

其实只有我知道，女儿不久前还和那些孩子一样欺负小动物，关键在于怎么引导她，用什么方式去培养她的爱心。自从那次打了小狗之后，维妮弗里德再也没有欺负过小动物。不仅如此，她连小花小草都不会随便践踏，用她的话说："它们都是有生命的，需要别人去爱护。"

第十一章　自信心决定孩子的一生

拿孩子与别人比较是有害的，每一个孩子都有自己的独特性，因此每一个孩子都应该从自己的实际基础上发展，而不是做别人的复制品，这样才能以独立的自我和充分的自信去面对生活。

1.不要替孩子做任何他能做的事

无论在智力、体力，还是处世能力上，自信心对人一生的发展都有着决定性的作用。这个道理所有的父母都明白。一个人如果缺乏自信，也就缺乏发展各种能力的积极性，而这种积极性又对人的各项感官功能和综合能力的发挥起着决定性作用。

据说有位教育专家做过一个试验，把一个学习成绩较差的班级里的学生当做优秀学生来对待，而把一个优秀班级的学生当做差生来教。一段时间后，原来成绩相差很远的两班学生，在测验中的平均成绩基本相当。原因就是不明真相的老师对差班的学生给予了鼓励（老师以为教的是一个优秀班），使他们的学习积极性空前高涨；而原来的优秀班学生在老师的怀疑态度影响下，自信心受挫，以至学习态度变得消极起来，学习成绩也因此下降了。

自信心就像能力的催化剂，能将人的一切潜能都调动起来，把各种功能提升到最佳状态。而高水平的发挥在不断重复的基础上，巩固成为人的本能的一部分，使人的能力达到一个新的高度。如果一个人的成长能以这样积极的方式行进，可想而知，将会收到非常好的效果。我们可以在许多伟人身上看到这种超凡的自信，正是在这种自信心的驱使下，他们才敢于对自己提出很高的要求，即使失败了，也能从失败中看到成功的希望，从而激励自己不断努力，最终取得成功。在杰出人物众多的国家里，在那些伟人和名人身上，我们同样可以看到自信心的作用，在我们身边的优秀人才身上，也不断散发着自信的光彩。

根据我的经验，培养孩子的自信心必须从孩子最小的时候就开始。这就需要父母随时检点自己对待孩子的态度，不要以爱为理由溺爱孩子，不要什么事都包办。因为孩子们需要一定的成长空间去试验自己的能力，去学会如何应付危险。教育专家告诫我们，不要替孩子做任何他能做的事。如果父母做得过多，孩子就失去了发展自己能力的机会，这等于取消了他们树立自信心的机会。

刚开始的时候，我也像大多数父母一样，在这方面出现了严重的失误。要是维妮弗里德是个男孩，情况可能会好一些，但正因为她是个女孩，所以我总是怕她受到伤害，担心她的安全，总是想尽一个母亲的全力去保护她，为她做一些其实她自己能做的事。我丝毫也没意识到这是在害她，还以为这样才算爱孩子，直到在一次旅行途中我看到了一个女孩的表现，才幡然醒悟。

那一次，我带维妮弗里德去加勒比海度假，我们上了豪华游轮，安顿好之后，就扶在船舷边向送行的朋友们挥手告别。乘客们还在陆续上船，都背着旅行袋，个个兴致勃勃，在佛罗里达的阳光下散发着健康的活力。

这时，有一家人吸引了我的视线。那是一对夫妇带着4个孩子，孩子们都是中学生模样，其中有个女孩让我不得不多看几眼。她的腿是瘸的，而且瘸得很厉害。不过让我感到惊讶的并不是她的残疾，而是她背上那个硕大的旅行包，包里显然装着她的旅行用品。假如她是独自旅行倒也罢了，奇怪的是她一家人都在，却没有一个过去帮她。女孩身后的三个兄弟都长得人高马大，他们轻松地背着自己的包，很坦然地跟在姐姐后面走上船来。我再看女孩的父母，他们也只顾说笑，根本没有要照顾女儿的意思。

我当时不禁为这个女孩感到委屈，我觉得这家人实在太冷酷无情了，怎么能这样对待一个身有残疾的家人呢。我甚至猜想，这个女孩平时一定遭到了家人的嫌弃。我的同情心高涨，要不是碍于她的父母在旁边，很可能马上过去帮忙了。才两三岁的维妮弗里德也注意到了那个女孩，她拉住我的衣角，满怀同情地求我："妈妈，那位姐姐多可怜呀，我们去帮帮她，好吗？"

我也确实忍不住了，不过最后我还是没有去帮忙。我倒不是顾忌女孩的家人，而是女孩那自信的神情阻止了我。女孩尽管背着一个大背包，走起来一瘸一拐很吃力，但她丝毫没有抱怨与沮丧的神色，相反，她脸上带着愉快的微笑。她满怀自信地走在最前头，还不时兴奋地回过头去招呼身后打闹的三个兄弟："哎，你们快点跟上，可别走丢了。你听到没有，尼基？你总是不听话，待会儿走丢了我还得去找你。"俨然一副有威信的大姐模样。

这时我对维妮弗里德说："你是个有同情心的孩子，好孩子应该这样。不过你看，那位姐姐并不需要我们帮忙。"

这件事让我深受启发。我发现一个家庭的可贵就在于注重培养孩子的独立生活能力，而不是过分地呵护孩子。因为给孩子过多的照顾会使孩子失去锻炼和进步的机会，而且还会使孩子觉得自己缺乏能力，因而对自己失去信心。对于一个有残疾的孩子来说，自信心更是脆弱。假如这个家庭对女儿给予特殊照顾，生活起居全都有人帮忙，尽量避免她在体力上出现不便，这样虽然满足了父母和兄弟姐妹对她的不幸进行补偿的愿望，但是对她漫长的人生来说，是在帮她呢还是在害她？如果是这样，女孩还会有那样自信的笑容吗？

通过这件事，我开始反思自己在对待女儿的态度上出现的失误。和那个家庭相比，我实在太不重视对维妮弗里德自信心的培养了，这是我早期教育中的一个很大的缺陷。想到这里，我感到十分震惊，由于我的这个失误，也许会毁了女儿的一生。

在后来一星期的海上旅行中，我特别注意观察那一家人，发现他们确实在这方面做得很好。尽管那女孩行动不便，但所有的事情都是自己做，不仅如此，她还要负责管好三个活泼好动的弟弟。每当有乘客试图帮助她时，她的父母就会很礼貌地阻止："谢谢您的好意，我想我女儿自己能做好。"如果父母不在身边，女孩自己也会很礼貌地谢绝别人的帮助。

我发现那个女孩是船上最有活力的孩子，到处可以看到她的身影，她在船上走来走去，为自己和家人办理所有的事务，看来她根本没把自己当成残疾人，她的表现完全像个正常的孩子。

我特地和她的父母交谈，他们的一番话对我产生了很大的震动。他们说:“一个有残疾的孩子，很容易产生自怜心理。由于身体有缺陷，会对自己的未来感到恐惧和悲观。如果家人再对她特别照顾，只会使她的这些感觉更强烈，对自己更没有信心。一个连自己的生活都不能自理的人，是多么可怜和可悲啊。带着这种心态长大的孩子不仅是生理上有残疾，更糟糕的是心理上也有残疾。心理残疾同样是难以痊愈的。正是明白了这个道理，我们才放弃了最初的特别照顾，而放手让女儿自己照顾自己。因为无论是我们，还是她的兄弟都不可能陪她一辈子，我们不希望将来女儿发现自己离开了我们就不能自立。现在，看到她由当初最让我们担心的孩子变成了最能干的孩子，我们都为她感到骄傲。”

听了他们的话，我突然意识到家人的特别关怀反而会对孩子的成长造成很大的危害。明智的父母会松开对孩子的束缚，让孩子有更多探索的机会。我们应该鼓起孩子的自信心，让他们根据自己的条件，尽量地发展自己的能力，使自信心和能力相互提携，齐头并进。

从那以后，我再也不谨小慎微地呵护女儿，而是放手让她去做自己能做的事。不仅如此，只要她能做到，我还让她帮我做各种家务和处理外面的事务。

一开始，由于维妮弗里德已经习惯了父母的帮助，所以我们遇到一些困难。每天早上，维妮弗里德依旧习惯性地躺在床上，等我来帮她穿衣服，我告诉她，必须自己穿，否则就一直躺在床上别吃早饭好了。我要她自己系鞋带，她系了好半天也没系好，于是就撒起娇来：“我不会，妈妈，你来帮我系。”

我没有过去帮她，而是告诉她不穿好鞋子就别想出去玩。那段时间维妮弗里德过得很艰难，由于很多事都做不好，她对自己失去了信心。我只有自责，由于我的失误造成的苦果却要由女儿来承担。正因为如此，我更加坚定了培养维妮弗里德独立生活能力的决心。

每当维妮弗里德由于缺乏自信而哭着不肯做事时，我就用那个残疾女孩的事来鼓励她：“你想想，维妮弗里德，我们在船上遇到的小姐姐什么事都自己做，而且做得那么好。你不想和她一样能干，做一个人见人夸的好孩子吗？”

“想是想，”维妮弗里德说，但还在哭，“可是我太笨了。”

“不，你怎么会笨呢？那个小姐姐腿有毛病都能把事情做好，你手脚都正常，难道还不如一个残疾孩子吗？只要你有信心，肯努力，一定会比那个小姐姐做得更好。”

“真的吗？”维妮弗里德还有点怀疑。

“当然，妈妈相信你！你也要相信自己才行啊，别动不动就哭，你见小姐姐哭过吗？”

“没有，她总是笑。”

“对呀，你也要像她那样才好。”

维妮弗里德停止了哭泣，她擦干眼泪，仰头对我说：“妈妈你说得对，小姐姐脚有病还那么能干，我一定也能像她那样。”

克服了最初的困难后，维妮弗里德养成了凡事自己动手的习惯，不再动不动就要别人帮忙，她发现自己的能力原来远比她想象的要强，因此越来越自信，甚至主动要求帮我干家务。这样，她又体验到了为家庭作贡献所带来的自豪。到了五六岁，维妮弗里德不仅能照顾自己，还会在聚会时主动照顾比她小的孩子。我终于可以像那个残疾女孩的父母一样自豪地对亲友说:“我为我的女儿感到骄傲。”

2.在百般呵护下长大的孩子是不可能有出息的

从我对维妮弗里德的教育中可以发现，帮孩子们做他们能做的事，会对他们的积极性造成很大的伤害，因为这会使他们失去实践的机会。这样做的后果就是使他们丧失自信与勇气，并使他们感到恐惧，没有安全感，因为安全感是建立在能力的基础上的。父母们自以为无私的包办行为，恰恰剥夺了孩子发展自身能力的权利，而这正是孩子成长最关键的因素。因此，我希望年轻的父母们注意，孩子们自己能做的事，就让他们自己去做，千万不要事事代劳。这是一个很重要的原则，必须反复强调。

我之所以再三强调这个原则，是因为这是父母们最爱犯的错误。父母由于对自己的孩子怀着深深的爱，往往会情感超越理智，照顾孩子的愿望压倒一切。我的老同学哈里森太太，丈夫因意外去世了。由于他们住在东海岸，与我相距甚远，所以我两年后才得到这个消息，我感到十分愧疚，于是决定立即出发去看望她。

从表面上看，哈里森太太丧夫的悲痛已经平息了，但实际上并非如此，她只是把那份感情转移到了儿子大卫身上，在我看来，她对大卫的疼爱的确太过分了。大卫已经4岁了，还是整天要妈妈喂饭，给他穿衣穿鞋。妈妈寸步都不肯离开大卫，到哪里去都要带着他。为了怕儿子出意外，她还禁止大卫到院子外面去玩。因为她的缘故，小伙伴们都不敢来找大卫玩。这样的教育使大卫成了一个能力差和性格孤僻的孩子，我刚到他家时，他甚至连话都不敢跟我说。

哈里森太太对待孩子的方式让我忍无可忍，我花了几天时间说服她把大卫送到幼儿园去。我想如果大卫离开妈妈，到一个比较正常的环境中去，一定会有所改变的。哈里森太太总算答应了，但是去了还没两天，幼儿园的老师就把我们叫去谈话，老师对我们说，大卫不会自己吃饭，不会自己穿衣，不会扣扣子，不会穿鞋。而和他同龄的孩子都能把这些事做得很好。相比之下，大卫总是手忙脚乱，一副可怜样儿。老师向哈里森太太提出了一个简单的要求，就是让大卫学习自己做这些事，因为4岁的孩子应该学会自己穿衣服穿鞋了。

当幼儿园的老师教大卫这些基本技能时，大卫说什么也不肯做，只是闹着要妈妈。因此老师要求他妈妈从今以后不要再替他做这些事，否则她们的努力就会白费。没想到哈里森太太拒绝了老师的要求，她竟然说:“我的大卫就是我的一切，我愿意为他做更多的牺牲。”

大卫吵着不肯再去幼儿园，不管我怎样劝说，哈里森太太还是把他接回了家，又继续像过去那样生活。

不要以为这只是个极端的例子，事实上，这样的母亲在我们的社会中比比皆是，而且母亲的这种自我牺牲精神也往往为人称道，但是，我们在赞美母亲的奉献精神的同时，有没有考虑过这样做对孩子的成长有什么危害呢?

事实上，我发现许多在这种环境下长大的孩子很难有什么成就，原因在哪里呢?首先，母亲对孩子的溺爱向孩子传递了一个错误的信息。由于孩子没有机会去学习照顾自己的生活，因而对自己缺乏自信，认为自己什么也做不了，只能依赖妈妈。如果一个孩子从小就缺乏自信，将来就很难成为敢于探索的人。妈妈的关怀使大卫觉得自己在妈妈心中的位置牢不可破，这当然让他感到满足、有安全感;但是，一旦妈妈不再这样对待他，他就会感到失落，心生怨恨，而这一天迟早会来的。

我认为，哈里森太太的做法很自私，因为她没有为孩子发展的需要而克制自己的感情，从而成了大卫健康成长的绊脚石。一个真正懂得爱孩子的母亲，关心的应该是孩子将来是否能独立应付外面的世界。把一个在百般呵护下长大、毫无生存能力的青年推入未来的社会是十分残忍的事，也是作为母亲不忍心看到的事。要想使孩子能成功地走向外面的世界，必须从小培养他的自立与自信。如果我们包办孩子的一切，就不可能达到这个目的。而且，在这样的抚养下长大的青年，内心充满畏缩，毫无勇气。

我尽力向哈里森太太讲明这些道理，为了使她有更为直观的认识，我还邀请她带大卫和我们一起到我姐姐的别墅去度假。

哈里森太太看到与大卫同岁的维妮弗里德什么事都会做，感到非常惊讶。起初，她一看到维妮弗里德自己在厨房里热牛奶喝，就会惊叫着跑过去帮忙，还责备我说:“你怎么能让这么小的孩子去干那种事，万一烫伤了怎么办？”

但是后来，她把维妮弗里德的自信独立与大卫的畏缩无能一对比，逐渐明白了哪种教育方法对孩子更好。

一天下午，我们带着大卫、维妮弗里德和我姐姐的孩子们去海边游泳。这是孩子们最喜爱的活动。大卫根本不敢下水，只是在沙滩上坐着；而另一边，维妮弗里德和6岁的阿丽森很熟练地穿上了泳衣，而3岁的艾伦却撅着小嘴站在那里生闷气。

“快点，艾伦，换上游泳裤。”他妈妈催促道。

他父亲和别的孩子已经下水了，艾伦还是站在那儿无动于衷。他妈妈见他很长时间不过来，就回去找他，见他还站在那儿一动不动。

“你站在那儿发什么呆，爸爸已经下水了，快穿上游泳裤。”

“我不会穿。”艾伦理直气壮地说。

妈妈只好说：“过来宝贝，我帮你穿。”

这时，阿丽森笑着对维妮弗里德说：“你瞧我弟弟有多笨。”

我赶紧上去拦住姐姐，让她别为艾伦穿游泳裤。艾伦是家里最小的孩子，他根据以往的经验，知道自己不穿泳裤可以获得妈妈的额外关注。阿丽森也很愿意妈妈这样做，因为她可以在父母面前表明自己比弟弟能干。我姐姐显然没有意识到她的行为对两个孩子的意义。她为了哄艾伦高兴，帮他做了他自己能做的事，她过于周全的照顾，使艾伦失去了发展自己独立生活能力的机会。

由于我早就跟姐姐谈这个问题，告诉她艾伦需要找到自己的新位置，他需要妈妈的鼓励而不是服务，因此我姐姐也意识到了艾伦是可以自己穿上游泳裤的，不能老是娇生惯养，现在她必须给艾伦让出发展的空间来，如果她能再等一等，问题也许就解决了。

艾伦过来后，我姐姐并没有替他穿游泳裤，而是在一旁指导示范，等着艾伦自己穿上游泳裤。她不再催他“快点快点”，而是从容地说：“你自己能穿上的，慢慢来。别忘了你已经是个大孩子了。”

起初，艾伦还坚持说他自己穿不上。我姐姐不管这些，继续鼓励他：“你肯定能自己穿上。妈妈闭上眼睛数十下，看你能不能穿好。”

艾伦仍然坚持要妈妈帮他穿，由于没有信心，又看到爸爸带着别的孩子在海里玩得高兴而没他的份儿，忍不住哭了起来，不肯再做任何努力。

平时他这一招总是最管用的，可今天不行了，反而使他不能和大家一起游泳，他妈妈也不会再回去给他穿游泳裤，我早就把姐姐拉到海滩上晒太阳去了。艾伦发现他无法和大家一起玩，又没有人同情他的“不幸”后，改变了主意，试着靠自己来解决那个难题，过了一会儿，艾伦终于自己穿上了游泳裤，走出来和大家一起开心地玩了起来。

这一切哈里森太太都看在眼里，她认识到该怎样对待孩子了，并且开始改变自己的错误方式。这天晚上，孩子们由于玩了一天都早早上床睡觉去了，我们几个大人在花园里喝着咖啡聊天，只有大卫还在桌边磨蹭着，我们的谈话稍一停顿，他立刻小声对妈妈说：“妈妈，我想要你和我一起睡觉。”

如果在往日，哈里森太太一定会立即放下一切来满足儿子的要求。但是这一次，她平静地说：“妈妈还要和叔叔阿姨聊聊天，你自己先去睡吧。”

“我害怕。”大卫不肯作罢。

“别害怕，妈妈就在这儿。”

大卫开始撒娇：“我不能自己睡，我要你和我一起睡嘛。妈妈，答应我，我怕黑，妖怪会把我抓走的。”

在我们鼓励的注视下，哈里森太太耐心而温柔地说：“根本没有什么妖怪。你已经是个大孩子了，以后都要一个人睡。去吧，别害怕，上帝总是保佑好孩子的。”

大卫开始闹了，他跺着脚大哭，最后在地上打滚，哈里森太太看了看他，不再说话。大卫闹了一会儿，发现没有人理睬他，他也确实非常困了，只好爬起来自己去睡觉。

哈里森太太对儿子的态度变了，因为她学到了培养孩子的正确方法。大卫从小失去了父亲，妈妈当然会加倍疼爱他。过去大卫说什么妈妈都照办，现在哈里森太太开始检点自己的行为，尽量让大卫学会独立。才几天，大卫就发现妈妈变了，他已经不能用发脾气的方式指挥妈妈了，正如他那天晚上又哭又闹，却毫无作用一样。

妈妈拒绝听从指挥，大卫想用发脾气这一招来使妈妈重新为他服务，而妈妈却坚决而亲切地拒绝了他。最后，大卫自己在独立之路上迈出了第一步，哈里森太太用正确的教育方法，帮儿子学会了独立。

几年后我又见到了大卫，他已经长成一个坚强的大孩子了，不仅能照顾自己，还能照料寡居的母亲。可以想见，他将会成为一个多么独立、多么有出息的年轻人。

3.让孩子知道自己是个有用的人

在孩子的成长过程中，用鼓励来使孩子产生自信心是非常重要的手段，是父母应该时刻注意的一个环节。每个孩子都需要不断的鼓励，就像植物不断需要阳光雨露一样。许多儿童教育家都非常强调鼓励的作用，认为鼓励是最重要的成长的因素。一位著名的教育家经常说:“孩子离开了鼓励就无法生存。”可见鼓励对孩子自信心的形成有多么重要。

孩子在降生后的幼儿时期，面对繁杂的世界常常感到无能为力。但是，他们还是有勇气进行各种各样的尝试，努力学习各种方法，以使自己适应和溶入这个大千世界。但是这时候，成年人却往往在无意中给他们设置许多爱的障碍，而不是称赞他们非凡的勇气和努力。

产生这一现象的根本原因就是，我们不相信孩子的能力。在我们的头脑中已经形成了一些偏见，比如，认为只有到了某一个年龄段才能做某一种事情。比如，一个2岁的孩子如果主动帮我们收拾桌子，当他拿起一个盘子的时候，妈妈马上就会说:“别动它，你会打碎的。”这样，你虽然可以保护好那个盘子，但是你的举动却在孩子的心里投下了阴影，并推迟了他某种能力的发展，也许你在无意中就阻止了一个小天才的出现。

大人们常常不经意地向孩子们炫耀自己的能力、魄力和力气。而我们所说的诸如“你怎么把房间搞得乱七八糟”“你怎么把衣服穿反了”这类话，每一句都在向孩子们表明他们是多么无能，多么没有经验。我们的做法会使他们逐渐失去信心，失去自己去探索，去锻炼自己的主动性，忘记只有通过各种大胆的探索才能使自己成为一个有用的人。

作为父母，我们常常有一种先入为主的观念，认为孩子只有到了某个年龄段才能做某种事情，否则的话，他就太缺乏能力，不可能完成这类事情。但事实上孩子在那个年龄往往是可以做得很好的，而我们却人为地推迟了他们学本领的时间。更糟糕的是，我们这种做法会使孩子丧失自信，对自己的能力产生怀疑，进而削弱了他们的进取心。这种做法将会对孩子的一生产生消极的影响。

我们应该鼓励孩子要敢于犯错误，敢于面对失败，同时还要想方设法维护他们的自尊心和自信心。孩子和成人一样有犯错误的权利。作为父母，我们自己首先就不能灰心丧气或失去信心，而应该鼓励孩子，帮他们建立起自信。

要抓住鼓励孩子的时机并不是一件容易的事，所有的父母都要仔细地研究和思考应该怎样鼓励孩子，养成经常反思的习惯。从一个孩子的行为中就可以看出他的自信程度，如果孩子对自己的能力缺乏自信，那么表现出来就是做事效率低，缺乏做事的积极性，他不会通过积极参与和奉献来获得自己的归属感。

维妮弗里德不会系鞋带的那段时间，每当鞋带松开后，她怎么也系不好，就只好坐在那里等我过去帮忙。后来，她干脆不自己动手了，只要遇到这种情况就大声喊妈妈。这时，如果我有耐心一次又一次为她系鞋带，或者被她弄烦了就训斥她，说她笨，那么维妮弗里德会有什么感觉呢？她会觉得自己的确太笨了，而妈妈真是神通广大，能那么快就把鞋带系好。这样一来维妮弗里德又会产生什么想法呢？她会想，算了吧，我没法跟妈妈比，我也别努力了，以后不仅鞋带需要妈妈来系，衣服也让她给我穿吧，这样更省事。

好在上述两种方法我都没有采用，而是一次又一次鼓励她自己学着系鞋带。只要她做得稍好一点，我就大声表扬："这次系得很好，我们再来一次吧，你肯定能做得比上次更好。"就是用这种鼓励的方法，我终于教会了3岁的女儿系鞋带。

当然，要找到鼓励孩子的最佳方式，关键是要深入地了解自己的孩子。每一个孩子都有自己的特点，这就决定了每位父母所采取的方法各不相同，需要我们做家长的花时间去找出这种差异来。只有这样，才能更有效地鼓励孩子，帮孩子树立自信心，使孩子对自己有正确的认识，而不是经常怀疑自己的能力与价值。自信的孩子不需要别人对自己的好坏作出评价。我们应该鼓励孩子把幸福掌握在自己手中，相信成功是自己努力的结果，并给予孩子自主选择的机会，使孩子看到正确的结果，这才是培养自信心最好的办法。

有一年复活节，很多朋友到我家来做客。每个人都在为这次盛宴忙个不停，维妮弗里德也很兴奋，跟在别人后面在厨房和客厅里走出走进，很想帮上点什么忙，但所有人都嫌她碍事。由于不时有人对她喊:“让开，小家伙！”“放下！你能干什么？自己玩去吧。”维妮弗里德只好闷闷不乐地坐在楼梯上发愣。

在这种情况下，孩子的自尊心是最容易受到伤害的，如果能鼓励她积极参与，效果会好得多。于是我就要维妮弗里德到厨房里帮忙。因为她喜欢吃蛋糕，所以我就派她负责这一项工作。她的具体工作是把厨师调好的原料推进烤炉里，然后守着，时间一到就通知忙得团团转的厨师来取。由于维妮弗里德极力想证明自己的价值，因此特别卖力，是个很合格的助手。

后来，我又把她叫到餐厅，让她在我的指导下，把鲜花摆在恰当的地方。到底摆在哪里合适，她还会提出自己的看法，而我全都采纳了。我告诉她，由于她干得很出色，所以现在把摆放餐具的工作也交给她。看了我的示范后，维妮弗里德把餐具整齐地摆到了餐桌上，她干得确实不错，我只纠正了两三个小错误。

晚宴开始了，我首先向客人们介绍了维妮弗里德一天的工作成果，告诉他们点心是她亲手烤的，餐厅是她布置的，餐具也是她摆放好的。当朋友们向维妮弗里德鼓掌致谢时，她又害羞又兴奋，小脸蛋红红的。

维妮弗里德在这种实践中，深深感到自己是一个有用的人，她也有资格参与，也可以作出贡献，可以和别人合作，可以帮别人把事情做得更好。我认为，鼓励的重点就在于使孩子认识到自己是群体中的一分子，是家庭中的一员。我们可以用鼓励的方法使孩子明白，人生真正的乐趣在于让我们周围的人感觉到我们的存在；鼓励还能使孩子认识到，不必要求自己完美无缺，只要敢于尝试，就会找到无穷的乐趣。

4.不要拿自己的孩子和别人的孩子作比较

在现实生活中，父母们往往会忽视鼓励的重要性，总是忘了鼓励孩子。很多父母错误地认为孩子需要的是教育，而教育的内容无非就是训话和惩罚。

有一次我看见2岁的维妮弗里德专注地观察祖母浇花。过了一会儿，她走过去，很小心地拿起水壶，想要帮祖母浇花。祖母赶紧抢过水壶说："别动，维妮弗里德，你看你，把水洒到身上了。这些事你长大了才能做，你现在还小着呢。"

祖母不知道自己已经在无意中打击了维妮弗里德的积极性。她使维妮弗里德觉得自己是那么渺小，降低了维妮弗里德对自己能力的认识。

其实，2 岁的孩子也是可以浇花的，就算把地弄湿了又有什么关系呢？孩子如果能够识别各种花卉，并且亲眼目睹自己浇的花更加美丽，她会充满自豪感，并对探索这个世界产生更大的兴趣。我们应该给孩子机会。

我在姐姐家度假时，有一次我们要赶时间出门看演出。3 岁的维妮弗里德自己坐在大门口的凳子上穿鞋，用了好长时间也没穿好。我姐姐一着急就说："过来，维妮弗里德，姨妈帮你穿，你穿得太慢了。"她抱过女儿，几下子就干净利索地系好了鞋带。维妮弗里德看到我姐姐的手法如此熟练，感到很灰心，于是就放弃了努力，伸出另一只脚让她把鞋穿上。

如果让女儿自己去穿，第一次可能穿不好，但多穿几次后就会穿得又快又好，到时候再表扬她几句，她就会觉得自己又学会了一种技能，这对以后处理别的事情也会很有好处。但是多数父母都像我姐姐那样，不肯采取正确的方法来处理问题。相反，他们却用自己的言行向孩子表明，孩子不能干，没经验，比不上大人。

父母们非常希望自己的孩子是最出色的，但又不允许孩子们用不同的方式去发现自己的能力，而是怀疑和限制他们的发展。比如，当孩子要帮妈妈收拾桌子时，妈妈往往会夺过盘子说："宝贝，你会把盘子打碎的。"为了不打碎盘子，结果却打碎了孩子的自信心。

孩子们虽然还处于学习摸索阶段，但他们都愿意努力去发现自己的长处和能力。他们什么都想试试，好奇心驱使他们一次又一次地接受挑战。所以孩子总爱跟在大人身后，亦步亦趋地学大人做事。然而，我们却朝他们喊“穿错了，穿反了”；当他们自己吃饭时，我们说“你看你，把衣服弄得多脏”，然后一把抢过勺子喂他们。就这样，我们让孩子发现自己是多么无能。

要是孩子不合作，不肯张嘴等我们喂，坚持要自己吃，我们还要冲他们发火。我们没有意识到这样做会打击孩子的积极性。很多孩子不肯好好吃饭，他们紧闭着嘴，甚至把刚喂进去的食物全喷出来，而且还觉得好玩似的笑起来。这时候父母不必生气，也不要感到无奈，应该想一想，在这之前是否有过打击孩子自信心的行为。

孩子做事的主动性是天生的，他们很小的时候就认为自己有能力做事了。假如女儿总是跟在我身后说“我要浇花”“我要打鸡蛋”“我要洗盘子”，而我则永远回答：“宝贝，你还小，玩去吧。”那么，当维妮弗里德 10 岁的时候，我说：“女儿，来帮我打扫房间。”维妮弗里德可能会说：“妈妈，我还没玩够呢。”我一定会很生气，认为她是个懒惰的孩子，而我这时也许还不知道，正是我自己把女儿教成这样的。

除了上述种种，把孩子与别人做比较也会严重打击孩子的自信心。这是父母们喜欢采用的激励手段。父母们以为提醒孩子别人有多么出色，就可以有效地激起孩子的上进心，却不知道这种做法是有害的。

每年圣诞节我都要带维妮弗里德去我姐姐家，我姐姐很喜欢维妮弗里德，因为维妮弗里德很愿意陪她聊天。一天，维妮弗里德和姨妈在厨房里闲聊，她很自豪地告诉姨妈，她除了科学是 B，其余的科目都是 A。

“你真是个好孩子，成绩总是这么好。”我姐姐叫了起来，“哦，我还没见到阿丽森的成绩单呢，阿丽森，你过来。”

其实阿丽森已经在楼梯上听到了厨房里的对话，正犹豫着不愿出来。听妈妈叫了好几声，才不情愿地走了出来。

我姐姐问她：“阿丽森，你这次考得怎么样？成绩单呢？”

“在我房间里。”阿丽森迟疑地回答。

看到女儿垂头丧气的样子，我姐姐有些生气了。她提高嗓门说：“是不是又要告诉我坏消息？去把成绩单拿来让我看看。”

阿丽森磨磨蹭蹭地把成绩单拿来了，大部分科目都是 C。

“我真为你感到害羞，阿丽森。”我姐姐忍不住大声训斥起来，“为什么你的成绩总是这么糟？你看看维妮弗里德，成绩总是那么好！你为什么不能像她一样！你的学习条件哪一点不如她？你就是懒，总是不集中精力去学，不专心听讲。你简直是这个家里的耻辱！回你的房间去好好想想再来和我谈。去！我不想见你这个样子，听到了没有！”

尽管已经不是第一次当着维妮弗里德的面挨训了，阿丽森还是下不了台，含着眼泪回到了自己的房间。

阿丽森比维妮弗里德要大两岁，但由于表妹的成绩出色，阿丽森总觉得自己像个丑小鸭，她多么需要得到鼓励啊。然而她从小就感受到了来自维妮弗里德的压力，觉得自己事事不如表妹，而这时妈妈不但没能给她鼓励，反而使她更加泄气，因为妈妈总是夸奖维妮弗里德，批评阿丽森。

我姐姐在这件事上有几个失误，这对阿丽森的教育十分不利。首先，她还没看到成绩单，就断定阿丽森的成绩一定很差，表明她对阿丽森根本没有一点信心。然后，她又告诉阿丽森，她为阿丽森感到羞愧，使阿丽森更认为自己是一个毫无价值的孩子，在妈妈心目中一点分量也没有。最后，姐姐又拿阿丽森与维妮弗里德作比较，使阿丽森更加怀疑自己的能力。

也许我姐姐以为她的责备可以产生一种刺激作用，能让阿丽森发奋起来。同时把她和维妮弗里德作比较可以促使她俩竞争，以此来提高阿丽森的学习成绩。但是，这种办法对一个从小缺少鼓励和自信的孩子来说，只能使她变得更加无能。唯一有效的方法，就是停止拿姐妹两人的成绩作比较，并关注阿丽森的每一点微小进步，让阿丽森明白，无论她的学习成绩怎样，只要她努力了，就是大家喜爱的好孩子。拿孩子与别人比较是有害的，每一个孩子都有自己的独特性，因此每一个孩子都应该从自己的实际基础上发展，而不是做别人的复制品，这样才能以独立的自我和充分的自信去面对生活。

第十二章　鼓励孩子是一门艺术

鼓励和赞扬孩子应该针对孩子的行为，而不应该把孩子本身的好坏与所做的事情联系起来，更不能把自己对孩子的爱与这件事连系起来。

1.正确掌握鼓励孩子的时机

我和很多年轻的父母有过接触，发现他们往往不明白鼓励究竟是什么，甚至认为鼓励就是说一些好听的话，夸奖一下孩子。我认为这种认识是不对的，完全没有理解鼓励的真正含义，也没有认识到鼓励对于孩子成长有多么重要。

我认为，鼓励是培养孩子自信心的一种方式，它能为孩子提供实现自我的机会。它能让孩子知道，他有能力在自己感兴趣的领域做出贡献，有能力对周围的事物及自己的生活产生影响。鼓励能使孩子对自己感兴趣的事做出积极的反应，也能使孩子学会基本的生活技能，拥有了这种能力，孩子才能在个人生活与社会交流中获得成功。

父母的固执和不合理的教育方式，往往导致教育的失败。有的父母认为要纠正孩子的错误，只有惩罚才能奏效，这样一来，孩子根本得不到什么鼓励。我认为，鼓励可以用非常简单的方式进行，并不像有些父母想象的那样复杂。给孩子一个拥抱，他就会感到一些安慰。孩子们经常哭闹，有时也会忧愁，或闷闷不乐地嘟囔，似乎什么都不能使他高兴起来。在很多时候，父母会对这种情况感到很生气，甚至会揍孩子，以为这样就可以制止孩子的无理取闹。实际上，这是极不明智的做法，根本起不到任何好的作用。

维妮弗里德小时候也喜欢哭闹，但我从不用责骂的方式去制止她，而是经常留心她的表现，给她一些温暖。我会把女儿抱在怀里，告诉她，她是一个多么可爱的孩子，我有多么喜欢她。这时候，女儿通常会停止哭泣，直到一切恢复正常。我认为，关键是要了解她真正需要的是什么。女儿的哭闹可能是想引起我的注意，所以给她一些温情就很容易使她安静下来。

父母学会掌握鼓励孩子的时机是非常重要的。就拿维妮弗里德来说，对她进行鼓励最有效的时机是在她冷静之后，尤其是当她的目的是在表明权利或报复时。因此，在发生冲突时，冷静处理是非常有效的方法。如果当时的情况无法冷静下来或不允许走开，至少也要友好地表明自己的感情与目的，而不是图一时之快说出伤人的话来。

我在培养维妮弗里德的过程中，总是把鼓励她和充分肯定她的优点放在首位，我会尽量避免伤害她的自尊心。

维妮弗里德 3 岁的时候，有一段时间似乎对画画失去了兴趣。我对她的这种情况感到很奇怪，因为女儿一向对画画很有热情。为了帮助女儿恢复热情，我专门找她谈了一次。

“维妮弗里德，我发现你好几天没有画画了？为什么呢？”

听到我的问题后，女儿并没有马上回答，而是低下头不停地嘟囔。

“告诉妈妈，你现在是不是不喜欢画画了？没关系，如果你真不想画了，妈妈是不会强迫你的。”

“不，妈妈，我喜欢。”

“那为什么我现在很少见你画呢？”

“因为……因为我总是画不好。”

“不会吧，我看你一直都画得不错。”

“不，就是不好。”

“那么，把你的画拿给我看一下好吗？”

“不，那些画一点也不好。”

“没有关系，给妈妈看又不是给别人看，说不定我还能帮你呢。”

于是女儿把她的画全都拿了出来，样子很难为情。

“哦，多美啊！这么好的画，怎么还说画得不好呢？”看了女儿的画，我赞叹不已。

“可是，那个太阳画得不圆。不知为什么，我画圆的东西总是画不好，像小球呀、苹果什么的，我总画不好。”

“可是，这些东西没有必要画那么圆呀！”

“卡特就画得很圆，他还老嘲笑我呢。”

“维妮弗里德，我不是带你看过画展吗？你想想，有哪位画家把苹果、太阳这些东西画成正圆的？”

“没有。”女儿想了想说。

“对呀，那些艺术家都不这样做，为什么你非要画那么圆呢？我看，好的画应该是生动又有感情的，而不是讲究线画得直不直，苹果画得圆不圆。只有绘图员才那么画，你又不是绘图员。”

女儿似乎没有听懂，只是奇怪地看着我。

于是，我给她讲了画家和绘图员有什么不同，我告诉她卡特对她的评价是不对的，还从女儿的每幅画中找出了优点。女儿睁大了眼睛听着，心头的疙瘩慢慢解开了。从那以后，维妮弗里德又恢复了对绘画的兴趣。由于消除了心理上的障碍，她越画越好。

我认为对于维妮弗里德这样小的孩子来说，画得好不好根本就不重要，重要的是她有信心画下去。当然，在鼓励孩子的时候，再向他们传授一些正确的知识，那就更好了。

根据我的经验，当孩子感到内心痛苦或没有信心的时候，严厉地指责是最愚蠢的做法。假如父母能给孩子一些温暖，并不失时机地鼓励，那么他们在鼓励之下会把原本做不好的事做好，把做得好的事做得更好。

2.并不是所有的夸奖都会让孩子高兴

如果一个孩子只有得到别人的注意才高兴，他就不可能有真正的幸福。真正的幸福是不依赖别人的注意的，它产生于自己的独立活动之中。

维妮弗里德从一出生就表现出了强烈的参与欲望，希望能加入到人群中，像别人一样能够做很多事。我认为这几乎是孩子的天性，而且这种欲望就是学习的动力，是一种可贵的探索精神。

有一次，我正在收拾屋子，并把刚买回来的鲜花插到一个漂亮的花瓶里。我在玻璃花瓶的底部铺上一层小石子作为装饰。

“妈妈，让我来帮你吧。”维妮弗里德说着抓起了一把小石子。

“不，你会把花瓶打碎的。你在旁边看着妈妈铺，好吗？”

“不，我不会打碎花瓶的。”女儿坚持要帮我的忙。

这时我一把抓住她的手说：“到别的房间去玩，不然妈妈就要发火了。”

维妮弗里德很扫兴地离开了客厅。看着女儿扫兴的样子，我突然意识到自己的做法不对，因为这样会打击她的好奇心和探索的勇气。于是，我马上把维妮弗里德叫了回来。

“我认为你帮妈妈干活是一件好事，这样吧，我教你干。”

维妮弗里德眼中闪现出兴奋的光彩，过去抓了一把小石子。

“不，维妮弗里德。不要一次拿那么多，应该一个一个地放，不要使劲往里扔，要轻轻地放，这样瓶子才不会砸碎。”

女儿在我的指导下终于把石子放得非常漂亮。

看到女儿把事情做得这么好，我心里感触良多，一个玻璃花瓶的价值远远比不上女儿的自信心，可我当初为什么那么在乎那个花瓶呢？女儿受到鼓励后非常高兴，这样的实践一点点积累起来，她的自信心自然就会越来越强。

我很清楚，每一个人成长的基础都是自己的强项，而不是弱点。既然成年人也会犯错误，那么为什么要苛求孩子呢？我认为自己所做的一切都是为了改善自己教育孩子的方法，并不是为了在一夜之间突然达到完美，而且完美的境界也是不可能达到的。

在日常生活中，我时刻都在注意女儿微小的变化和进步，每当看到这些进步，哪怕是微不足道的进步，我也会感到十分欣慰。我的信心随着维妮弗里德的每一点进步而增强，我相信自己能够帮她做得更好。

我认为，要培养和鼓励孩子的自信心，必须注意方法与时机。有些方式看似鼓励，却因使用不当而起到相反的作用。有时候夸奖孩子反而会打击他们的自信心。有人也许会感到奇怪：这怎么可能呢？夸奖孩子，怎么会打击孩子的自信心？但是，这并不是我的错误论断，而是事实。我曾听说过这样一件事：

一个名叫爱伊娜的母亲，有一天走进了她 11 岁的女儿的房间，发现女儿已经把房间打扫得干干净净，而且正坐在桌子旁安静地做功课。这位母亲按奈不住内心的喜悦，她说："你真是个好孩子！我没有要求你这样做，你却做了。你真是太乖了。妈妈太喜欢你了。"

可是，在后来的几天，爱伊娜却没有再每天表扬女儿的这个好习惯，这才发现，女儿并不像她想象的那么乖，因为她没有再主动打扫房间。

这能怪谁呢？只能怪爱伊娜自己。我认为这是她的方法有问题。虽然爱伊娜是在表扬孩子，但女儿很可能会这样想："妈妈喜欢我，是因为我打扫了房间，假如我没有这样做，她还会喜欢我吗？"我认为，这样的夸奖会使孩子产生认识上的错误。孩子会得到这样的印象，即他们自身的价值完全在于能否满足妈妈或别的什么人的要求。如果赞扬了孩子，他们就会觉得自己的个人价值升高了。但是，如果他们的房间很乱或犯了别的错误，就会受到妈妈的责备，而他们的个人价值和在妈妈心目中的地位就会降低。如果这样发展下去，孩子长大成人走入社会之后，他将如何表现自己呢？这时，他能否适应外面的世界，在很大程度上取决于别人对他评价。如果别人赞扬他，说他做得很好，他就会自我感觉良好，工作更加努力；如果别人对他说他做的某件事不对，或者忽略了他的成绩而没有赞扬他，那么他的自我感觉就会急剧下降，甚至丧失自信心。因此，对孩子的赞扬也必须慎重。在维妮弗里德成长的过程中，当她取得很大进步时，我会直接赞扬她。但是对于那些她一直做得很好的事情，我只是在心里说：宝贝，你真行。

3.适时支持孩子的表现欲

从维妮弗里德很小的时候起，我就教她自己做自己的事情：自己吃饭、穿衣、洗脸、上卫生间等等。女儿为自己能够做好这些事而自豪，她知道她能照顾好自己，能把自己弄得干净利索，并不断掌握新的技能。

维妮弗里德从幼儿时期开始，就表现出自己动手做事情的欲望。她去抓勺子，是因为她想自己喂自己饭吃，我从来不像别的父母那样怕她把衣服和桌子弄脏而不许她尝试。如果不让她动手，就会挫伤她的积极性，使她对自己的能力产生怀疑，这样的损失是无法挽回的。我认为把一身汤水的孩子洗干净，要比重新帮她树立起勇气容易得多。只要女儿表现出要为自己做点什么的时候，我通常会放手让她去做。

很多时候，父母对年龄较小的孩子总是不放心，什么也不敢让他们做，因此整天为孩子忙碌。由于孩子太小，父母们帮助他们似乎是一种不可回避的责任，尤其是在孩子有困难时。但是，我认为父母应该控制这种冲动，因为父母只是习惯帮助孩子，却往往没有认识到有些帮助是不必要的。孩子们也许早就掌握了那些技能。有时候，父母为孩子做事情，经常受到孩子的抵制，他们会说："我要自己来。"每个孩子起初都有表现自己能力的欲望。如果他们有表现的机会，比如自己照顾自己，或帮父母做事，他们就会为自己有能力而感到骄傲。这样的孩子长大后，自然会很愿意为自己做事情，也乐于帮助别人。

直到今天，维妮弗里德小时候的一些事还常常浮现在我的眼前：女儿看到父亲在写字，她也找来一支笔跃跃欲试；看到我浇花，她也提着一个玩具桶来帮忙。这是一种想要参与的欲望，也是一种表现欲。可是，我发现在大多数家庭中，孩子的这种愿望可能会被担心、呵护和父母的包办所挫伤。

因为父母可能会担心孩子受伤、损坏东西，或者担心孩子太费力，于是就不顾一切地制止。在这种情况下，孩子往往会有一种挫败感，认为自己没有能力，从而使自信心在不知不觉中减退了。

由于父母低估了孩子的能力，夸大了他们的无能，这就使孩子本来具有的勇气逐渐消失殆尽。我认为，给孩子尝试的机会，使他们相信自己的能力，并对他们进行必要的鼓励，非常有利于他们潜力的发展。这会很容易地培养出孩子获取成功的信心。

维妮弗里德 3 岁时，一位朋友告诉我一个消息，说我们所在的城区将举办一个儿童朗读比赛。听到这个消息，我就和女儿商量。

“维妮弗里德，有个儿童朗读比赛，你想参加吗？”

“当然想，可是……”

“可是什么？想参加的话，妈妈明天就去给你报名。”

“可是，我有点怕。”

“怕什么呢？你的朗读一直是很棒的。”

“我想到时候一定有很多人，他们都会看着我。”

“那有什么关系呢？你不是怕输吧。”看着女儿有些犹豫，我决定鼓起她的勇气，不要因为害怕而放弃一个能够表现和锻炼自己的机会。

“我看你还是参加吧。因为你的朗读真的很不错，不管能不能得第一，至少也是一个锻炼自己的好机会。如果你怕别人看你，你就别去看他们，把注意力放到比赛中就好了。再说，就算他们看着你也没关系，说不定还是件好事呢！你想想，人们只会注意自己喜欢的人，要是没有人看你，可能说明别人不喜欢你。不过，我想别人一定会喜欢你的。何况，你把自己的朗读水平表现给喜欢你的人看，有什么不好呢？当然了，这件事还得由你自己来决定，我只是把我的想法告诉你。”

维妮弗里德考虑了一会儿，终于同意让我去给她报名。

第二天，我给女儿报完名回来把报名表递给她。可是，女儿的眼中没有露出喜悦的目光，而是显得心事重重。

“怎么，维妮弗里德，后悔啦？”我关心地问。

“不，可我怕不能获胜。”女儿小声说道。

听到女儿这样说，我觉得有必要给她讲讲这次比赛的目的和意义，以打消她的顾虑。

“我认为举办比赛是为了让小朋友们一起参与一个有意义的活动，让你们互相认识，互相了解和交流，并在交流中学到更多的知识。参加比赛并不是为了拿第一，而是为了锻炼你的能力和勇气。我认为你如果赢了，能得第一当然好，没有得到名次，也不要紧，我和你爸爸都不在乎这些。因为我们始终认为你是个有能力的孩子，这一点不需要靠比赛的名次来证明。”

听我这么一说，维妮弗里德变得不那么紧张。我知道维妮弗里德很聪明，就是有点胆小。她不敢想象自己站在台上面对那么多观众大声朗读是什么样的感觉。但我想让女儿的视野更开阔，从小学会面对生活，并通过这个好的机会来证明自己的能力，锻炼自己的勇气。

朗读比赛是在一所学校举行的，那天来了很多人。有一些是当地关心教育的人士，更多的是来参加比赛的孩子和他们的家长。轮到维妮弗里德上场时，她冷静地从座位上站了起来，向比赛的讲台走去。她站起来时回头看了我一眼，似乎想和我说点什么。我轻轻地握了握女儿的手，小声对她说："你是最棒的！你应该表现自己。"

比赛的结果正如我所料，维妮弗里德得了第一名。那一天，女儿真是太高兴了，不停地拥抱我，亲吻我。从那以后，维妮弗里德不再像以前那样胆小了，她敢于在任何场合发表自己的意见，并畅快淋漓地表现自己。这一次登台，为女儿以后的人生道路打下了坚实的基础。后来，维妮弗里德 5 岁时就能用世界语演讲并到处宣传世界语，我想与她在这次朗读比赛中获得的自信是分不开的。

4.总是用钱奖励孩子是不明智的

有一天，我的邻居安斯特丽太太激动地对我说："斯特娜夫人，今天我按照你的教育方法鼓励了儿子。”

我说：“是吗？太好了，能说来听听吗？”

于是安斯特丽太太就向我描述那天她鼓励儿子的过程。

安斯特丽太太从外面回家，一进门就发现9岁的儿子吉姆已经把全部房间的地板擦干净了，还把房间里的东西全都收拾得整整齐齐。她感到非常欣慰，因为她并没有事先要求儿子这样做。而且，这是吉姆有生以来头一次，以前他一直被认为是个不讲卫生的孩子。

安斯特丽太太激动地亲吻了儿子，对他说：“你太好了，干了这么多活，我真没想到。哥哥有没有帮你做？”

吉姆回答说：“哥哥到外面去了，只有我一个人在家。这些全是我自己做的。”

“啊！太好了。你现在已经是个懂事的孩子了。我以前说你太懒了，真是错怪你了！我多么喜欢你啊，你哥哥也能像你一样勤快就好了。”

吉姆不好意思地说：“这不算什么，反正我今天也没事。”

安斯特丽夫人说：“这样吧，因为你今天的表现，我给你两块钱。”

听了安斯特丽夫人的话，我差点晕过去。虽然她那么兴奋，以为自己对孩子进行了正确的教育，却不知道自己已经犯了一个严重的错误。她虽然听说过我是怎样鼓励维妮弗里德的，但她并不明白鼓励的真正含义。

为什么这么说？吉姆主动做了分外的工作，完全是出于自愿，并且是在没有人帮助的情况下做的，母亲当然会表扬他，夸他是个好孩子，并表示了对他的喜爱，至于希望别的孩子也和吉姆一样勤快，那也是合情合理的事。但问题是，安斯特丽夫人错误地把所有的好评都用在吉姆身上，把吉姆本人的好坏与他所做的事联系起来，与自己的爱联系起来。这就是这件事的微妙之处。这样一来，孩子就无法肯定母亲是由于他做了这件事才爱他，还是即使他不做事也仍然爱他。

另外，吉姆在做了好事之后得到了母亲的表扬，他会对自己感到满意，并充满自信，认为自己的每一点努力都应该得到别人的赞赏。但是在现实生活中，通常情况下是没有人会时时刻刻表扬他的。有时候，即使做了好事，也不会有人表示赞赏。当他面对冰冷的现实时，又会有什么反应呢？吉姆这时可能会认为生活不公平。他可能会想：我真倒霉，我这么努力却没有人欣赏；我做了那么多事，可是谁也看不见。这样一来，很容易使他在现实中感到灰心，甚至连自己应该做的事也不做了。

由于儿子做了好事，安斯特丽夫人就给他两块钱，这也是很不应该的做法。这种做法会使孩子认为如果做了分外的事就一定会得到报酬。这容易使他错以为做好事就是为了得到报酬。这样的话，他就会有意识地期望别人给他物质上的奖励。但在现实生活中，孩子是不可能做每一件事都得到金钱上的回报的。假如母亲由于太忙而忽略了吉姆所做的好事，或者忘了给他钱，那么他会有什么感觉呢？这时候，他的积极性很可能受到打击，并很有可能因此失去做好事的热情。

鼓励和赞扬孩子应该针对孩子的行为，而不应该把孩子本身的好坏与所做的事情联系起来，更不能把自己对孩子的爱与这件事连系起来。表扬只有针对孩子所做的事情，才会使他有成就感，并因此感到满足。

在教育维妮弗里德的过程中，我也时常遇到这类事情。维妮弗里德经常帮我干一些家务，偶尔也会做一些额外的事情。这时，我总会对她表示鼓励和赞赏，但在方式上和安斯特丽夫人截然不同。

有一个星期天，维妮弗里德在我不在家时把屋外的花园收拾干净了。她不仅自己动手铲除了花园里的杂草，还清扫了树上掉下来的枯叶，并且浇了花。我回到家时，看到花园被收拾得如此干净，心里有说不出的高兴。因为只有女儿一个人在家，我可以肯定是她做的。

“维妮弗里德，有人把花园打扫干净了，你知道是谁吗？”

“猜猜看。”

“哦，让我想想。如果不是仙女干的，那就一定是你。”

“当然是我了。”

“干得不错。你是怎么干的？”

于是，维妮弗里德向我讲述了她如何扫地，如何扫落叶，如何除杂草，如何提着小水桶去浇花。我牵着女儿的手，和她一起来到了花园里。

“哦，太漂亮了。我还从没见过我们的花园有这么好看。”

“真的吗？”女儿兴奋地问我。

“当然，我以前还以为我们的花园不好，前些日子还在和你爸爸商量要不要把它拆了。可是现在我改变主意了。”

“是吗？”女儿听了我的话更加高兴了，她自豪地说，“我们的花园是最漂亮的花园，我不准许有人破坏它。”

我拍着女儿的肩膀说：“当然，我也不让人破坏它，这都是你今天的功劳，说真的，你做得真是棒极了，我真为你感到高兴。”

“那么，有什么奖励吗？”

“奖励？”

“吉姆做了好事都是有奖励的。他妈妈会给他钱。”

“维妮弗里德，你想想，还会有比得到美丽的花园更好的奖励吗？”

女儿是个非常聪明的孩子，立刻明白了我这句话的含义。她高兴得跳了起来。

“妈妈，我知道了。美就是最好的奖励。”

如果一个孩子没有责任感，看不到真正的价值，看不到自己在社会中的地位与重要性，就会感到迷惘，从而失去创造的动力。这样，就容易为一些物质性的、轻浮的事物所吸引，沉溺其中不能自拔。

尽管我们不断地教育孩子，要做一个对社会和人类有用的人。但是，由于没有具体的事情来鼓舞和激励他们，这些目标就会显得空洞，缺乏实际的意义。我认为，家庭是儿童教育的最佳场所，因为通过日常生活中那些具体的事情，更能使他们认识到良好品德的重要性，从而树立正确的人生观。

5.别用他人的标准衡量自己的孩子

每一位母亲都忘不了自己在孩子迈出第一步时的激动心情，这个激动人心的场面会永远铭刻在她的脑海中。如果父母细心地观察孩子发展的每一个阶段，那么像这样为孩子感到骄傲的场面就会数不胜数。

在孩子学步的时候，会一步步向母亲靠拢，母亲退一步，孩子就进一步。这时，母亲会尽量鼓励孩子往前走。母亲喜欢给孩子空间，让孩子尽自己所能向前走，最后怀着激动的心情扑到母亲怀中。那时候，孩子每向前走一步，都会得到父母的赞赏和鼓励。

鼓励孩子进步的方法很多，但最有效的就是对孩子的每一点努力都做出反应，就像孩子学步之初那样。这种及时的反应表现了父母对孩子成长的关注。虽然事情很小，反应也很简单，但效果却非常好。

遗憾的是，我们周围有许多父母忽略了这一点，往往对孩子有过高的期望，没有给他们留下逐渐向前进步的空间。有些父母常常埋怨自己的孩子进步太慢，喜欢把自己的孩子与别的孩子相比较，拿自己孩子的短处去和其他孩子的长处相比。这样一来，不仅不能使孩子得到良好的发展，反而会使他们永远停滞不前，甚至还会退步。

威利布尔是一位大学教授的儿子。他从一生下来就被别人的赞扬所包围。人们都夸他聪明、漂亮，但是现在，这个 8 岁的孩子却显得心事重重，总是处在一种焦虑的状态中。

由于他父亲是一位大学教授，认识许多有才华的学生。因此父亲就时常拿孩子与那些大学生相比。

“威利布尔，你真差劲儿。”一天，父亲回到家对威利布尔说。

“怎么啦？”8 岁的威利布尔不解地问。

“我有一个学生才 14 岁。你知道吗？一个 14 岁的孩子已经上大学了，而且成绩非常好……”

威利布尔知道父亲的责备又开始了，于是低下了头。

“你怎么不说话，你不是很有本事吗？我看你就会吹牛。”

威利布尔平时的学习成绩不太理想，但他很想做一个优秀的孩子，就不时向父亲保证一定要努力学习。现在他听见父亲说这种话，立即产生了逆反心理。

“行了！我没本事又怎么样？”

“什么？你还顶嘴，我从来没见过像你这样没出息的孩子。明明不行还一副了不得的样子。”

“我就是这样，你要不喜欢我就别管我好了。”

“我不管谁管？我是你爸爸！”

“哼，我爸爸？我不需要这样的爸爸！”

接着父子俩就开始了激烈的争吵，最终以父亲给儿子的耳光收场。

不久，威利布尔就开始和外面的坏孩子混在一起。有人经常看见他在街头和他们一起吸烟、打架、骚扰过路的人。

威利布尔真的天生就是个不听话的孩子吗？难道他天生就是个笨蛋吗？我不这样看。在我看来，他父亲才是个天生的笨蛋。尽管他是一位大学教授，我还是这样认为。因为他不能正确地对待孩子的缺点，不能用正确的方式去教育他。他不能给孩子一个向前进步的空间，也不给孩子改正缺点的时间。当儿子失意的时候，他不仅不用爱心去鼓励孩子，反而用与别人比较的方式来打击儿子的自信心，致使儿子自暴自弃，终于走上了一条令人痛惜的道路。

我认为，一位大学教授应该是个有智慧有修养的人，何况威利布尔的父亲从事的还是教育工作。但是，他却不懂得用合理的方式教育自己的孩子。这样的人，根本没有资格做教授，他不仅不能为人师表，反而会误人子弟。

作为父母，我们不仅应该凭自己的爱心培养孩子，也有责任帮助孩子从低落的状态中振作起来，而帮助孩子最好的方法就是鼓励他，使他能够有勇气独自面对失败。

有一次，维妮弗里德一个人坐在自己的房间里发呆。我感到很奇怪，维妮弗里德一向是个开朗活泼的孩子，今天怎么一反常态，沉默起来了？我想，女儿一定是遇到了什么不顺心的事，于是就走过去问她："怎么啦？维妮弗里德。"

"我觉得自己太笨了。"

"你为什么这么说？"

"今天我和小朋友一起玩游戏，我发现他们全都比我跑得快。"

"你是和谁一起玩的？"

"卡特、吉姆、科斯特，还有米娜……"

"哦，我还以为发生了什么了不得的事。"听她说完，我几乎笑出声来。

"有什么好笑的，他们就是比我跑得快嘛。尤其是科斯特，总是跑第一，而我呢？总是像个尾巴似的跟在他们屁股后面。"

"可是，你有没有想过他们为什么跑得比你快呢？"

女儿还没有明白我的意思，只是不解地看着我。

"还不明白吗？他们当然比你跑得快啦，因为他们都是大孩子了，而你才是个4岁的小姑娘，我知道，卡特6岁、吉姆5岁、科斯特7岁、米娜也快6岁了。如果他们连你这个4

岁的小姑娘都跑不过，那不是太差劲了吗？”

“哦！原来是这样。”

“当然是这样，如果你这么小就跑得比他们快，那他们不是连一点信心也没有了吗？我看你也别难过了，给人家一点儿信心好不好？”

听我说完，维妮弗里德顿时摆脱了悲观的情绪，脸上又恢复了往日的笑容。

6.打骂只会让孩子更加逆反

有些父母认为要教育好孩子，就要懂得充分运用奖赏和惩罚。他们认为，孩子有好行为就奖赏，有坏行为就惩罚，那么孩子很快就会乖乖地听话，不再顽皮。绝大多数父母都把惩罚和奖赏当成管教孩子的绝招。

如果去问一些父母，要是孩子不听话该怎么办？很多人都会说：揍他。好像听话的孩子都是打出来的。那么，这种办法是不是真的那么有效呢？

有一天，哈里斯夫人困惑地对我说：“我的儿子莱恩太让我头疼了，一点儿话也不听，打了他几次都不肯改，真拿他没办法。你说我该怎么办呢？”

“什么？你打孩子啦？”我惊讶地问。

“当然，如果不打，他不闹得天翻地覆才怪呢。”

原来，4岁的莱恩在吃饭的时候经常把饭菜撒到桌子上，有时还故意抹得桌子上到处是汤水。有好几次，他这样做的时候被妈妈发现了，每次妈妈都很生气地打他的屁股。

哈里斯夫人总是高声训斥他：“莱恩，我跟你说过多少次了，不要这样，不要这样，你就是不听。打了你多少次了，你也不改，你想让妈妈更加使劲揍你吗？”

可是第二天，莱恩仍然把饭菜倒在桌子上。

听哈里斯夫人说完，我真不知该怎么说才好。为什么莱恩挨了那么多次打，还是不肯改呢？是不是因为他年龄太小，不明白妈妈为什么打他？当然不是。莱恩完全知道自己在做什么，他一定是故意那样做的。他在用行动说话：我偏要这么干，看你能把我怎么样。莱恩为什么会这样做呢？因为他对母亲过分使用家长的权力感到不满，他要反抗。我认为，用惩罚来表明父母的权力，把自己的意志强加在孩子身上，只能使孩子幼小的心灵产生厌恶之情，从而采取对抗的姿态。

我认为，应该用相互尊重与合作来取代惩罚，所以我从不对维妮弗里德施行过多的惩罚，而是用合理的方式来管教她。孩子毕竟是孩子，他们不成熟，没有经验，需要父母的引导。假如孩子意识到父母尊重他们，他们是很愿意接受教育的。他们年龄虽小，但心理是健全的。他们一天天在长大，越来越懂事，只不过他们需要的是更有说服力的道理，而不是以权威姿态实施的压制和惩罚。父母需要不断学习更有效的方法来鼓励孩子们，使他们朝着正确的方向发展，而不是滥施惩罚。

在教育孩子的时候，要想把约束和惩罚区分开来并不是容易的事，因为有时候这两者之间的差别是非常微妙的，父母必须把握好分寸。我认为，惩罚针对的主要是孩子本身，而约束却偏重于有效地纠正孩子的行为。

约束孩子就是通过讲清道理，设定并实施行为规范来教育孩子。每个人的行为都要受一定的行为规范的限制，不能无视别人的利益为所欲为。给孩子讲清这种道理，往往能使他们乐于接受约束，这种效果是惩罚不可能达到的。

有一次，我正和丈夫商量事情，5岁的维妮弗里德走过来大声嚷嚷，要我给她讲故事。

我严肃地对她说："对不起，维妮弗里德，我正在跟爸爸商量事情，你能不能等一会儿。"

但是女儿依然大声嚷嚷，不顾我的建议，还不时地打断我和丈夫的谈话。

"维妮弗里德，我说了，你应该等我们商量完再来找我，如果你同意，可以在旁边听我们说话，否则我要请你离开这里。"

但维妮弗里德还是继续捣乱。这时我不再说话，而是很平静地把她带到另一个房间。

我和丈夫说完话，就找到女儿，并对她说：“好了，现在我可以给你讲故事了。”

“太好了！快讲，快讲。”

我说：“我认识一个和你差不多大的小朋友，也是一个聪明的孩子，同样活泼可爱。有一天，爸爸妈妈正在商量圣诞节怎么过，还打算给这个孩子买一棵很大的圣诞树。这时孩子走过来打断了爸爸妈妈的谈话，吵着要去公园里玩，妈妈不停地对他说等一会儿，等他们商量完事情后再带他去玩。可是这个任性的孩子就是不听，而且又哭又闹。妈妈没有办法，只好放下正在商量的正经事带他出去玩。可是，第二天圣诞节到了，妈妈发现自己忘了给孩子买圣诞树。结果啊，这个孩子没有得到圣诞节礼物。你说，这要怪谁呢？”

“当然怪那个孩子，谁让他打断了爸爸妈妈……”维妮弗里德说到这里，突然捂住了自己的嘴，不好意思地笑了。

有一次，维妮弗里德在门口遇见了哈里斯夫人，于是就很有礼貌地向她问好。哈里斯夫人早就听说维妮弗里德是个懂事的孩子，就友好地和她交谈起来。

哈里斯夫人问她：“你真是个好孩子，这么懂规矩，你妈妈打过你吗？”

维妮弗里德奇怪地说：“为什么要打我？我妈妈从来不打我。”

第十三章　走进孩子的内心世界

父母们总是用教训的口气、哄的口气、引诱的口气和孩子说话。这样怎么能与孩子平等地交谈呢？即使孩子表示愿意合作，也不是发自内心的。这种方式，不可能使孩子完全信任父母，也不可能让孩子说出自己的心里话。

1.信任孩子，才会让他们敞开心扉

我的好友伊丽贝莎很担心自己11岁的儿子染上了不良习惯，因为她在儿子的房间里发现了一个烟斗。

“这是什么？”她拿着那个烟斗走到儿子面前问道，口气非常严厉，似乎并不需要听儿子解释就要进一步盘问和训斥。

“这是一个烟斗。”儿子满不在乎地说。

“从哪儿来的？”

“捡来的。”

“在哪儿捡的？”

“就在门外的路上，今天早上我一出门就发现了它。”

这时，伊丽贝莎用极不信任的口吻说：“你别跟我要花招，告诉我这是怎么回事？是不是跟那些坏孩子学会抽烟了？”

“不是，我才不抽烟呢。”

“是吗？你以为我会相信？”伊丽贝莎说道。

儿子生气了，大声说：“信不信由你，我不在乎！”儿子说完就走进了自己的房间，把门砰地一关。

这让伊丽贝莎非常恼火，她认为自己完全是为了儿子好，可儿子却不理解。

我认为，出现这样的结果，是由于伊丽贝莎的说话方式和语气没有表现出她对儿子的关心，而只表现出了愤怒和对儿子的不信任。

后来，伊丽贝莎认真考虑了这件事，反思了自己的态度，意识到是自己先入为主的观点和审问的态度使儿子对自己的动机产生了怀疑。于是，她决定找儿子好好谈一谈。第二天，儿子一回来，伊丽贝莎就对儿子说：“我们谈一谈，好吗？”

“谈什么？”儿子很冷淡地说。

早有准备的伊丽贝莎仍然保持着镇定。

“我想，昨天我因为怀疑你学会了抽烟而向你发火，你一定认为我根本不关心你，而只会挑你的毛病，是吗？”

这话正好说到了儿子的心事。儿子顿时哭了起来，抽泣着说：“是的，我觉得我只是你的一个负担，只有我的朋友才真正关心我。”

“你这么说有你的道理，昨天我感到特别愤怒和不安，我仿佛看到你和一些坏朋友混在一起，仿佛还看到了你在抽烟。这样一来，你当然感觉不到我爱你。”

现在，儿子的情绪终于缓和了下来。

伊丽贝莎继续说：“我昨天不该向你发那么大的火，我真的很抱歉。”

“没什么，妈妈，那个烟斗确实是我在外面捡的，你应该相信我。”

“儿子，我相信你，我只是怕你会做什么对自己不好的事，这种担心有时候会让我做事偏激，你能不能给我一个机会？让我们重新开始，一起来解决这些问题好吗？”

结果令伊丽贝莎非常高兴，因为建立在信任与爱的基础上，母子间的关系有了明显的好转，这次谈话的最大收获是使儿子明白了母亲的询问是出于对他的关心，而不是要侵犯他的权利。母亲也认识到应该信任自己的孩子。有了相互的信任，对孩子的教育才能有一个良好的开端。

出于对孩子的深切期望，父母对孩子的态度往往很偏激，这种态度会给孩子带来一种冷漠的感觉。在父母发怒的时候，孩子会觉得父母对他充满了敌意，而感觉不到一点温情。这种感觉会使孩子产生抵触情绪，使他们觉得父母对自己不信任、不关心。这样，父母与孩子之间的矛盾就在不知不觉中被激化了。

我认为，父母应该以一颗宽容的心来对待孩子，这样才能使孩子感到父母的信任。孩子只有认为父母信任他，他才会完全向父母敞开自己的心扉。这样，父母才有可能顺利地和孩子进行交流。有了相互的信任，即使孩子真的有了什么不良习惯，父母也更容易帮助孩子改正错误。

成人之间也只有在相互信任的情况下才能建立友谊和良好的合作关系，何况是孩子呢？要想把孩子培养成一个优秀的人，必须首先给孩子足够的信任，这是教育的前提条件。我们应该相信孩子的能力，相信孩子的才华，相信孩子的品质，只有这样，才能使他们在人生的旅途上走好第一步。

2.别忽视孩子内心的敏感

在孩子出生之前，父母就像等待自己亲手塑造的作品一样，带着忐忑，甚至有些焦急的心情企盼着即将出世的孩子。将要成为母亲的女人，在怀孕的过程中经历了焦虑、怀疑、肯定、欣喜、放松等等不同的心理历程，等到孩子终于用小手叩开人世间的门扉来到这个世界后，又看着孩子一天一天长大。这也许就是每一个母亲一生中最幸福的感受了。有了孩子之后，年轻的父母也逐渐成熟起来。从此，帮助孩子、抚养孩子长大成人就成了他们义不容辞的责任。

父母通过每天的观察、体验和摸索，逐步了解了自己的孩子，一点一点地熟悉着他们的一切，片刻也不曾放松，直到他们长大成人。可是，等到孩子长大懂事，父母是否就真正地了解他们了呢？

要想真正地了解孩子并不是件容易的事。每个孩子的性格都各不相同，有的内向，有的活泼开朗；有的胆小，有的则生来就无所畏惧；有的孩子喜欢运动，成天不知疲倦地跑跑跳跳，有的则像一只温顺的猫，总是静静地待着。我认为，年轻的父母除了给予孩子各方面的关心和照顾外，还应该注意从细小的方面观察自己的孩子，探索孩子的内心世界，然后用不同的方法加以引导，以便更好地培养他们。

在不同的家庭环境中，孩子受到的教育也各不相同。尽管每个父母都尽力教育自己的孩子要从小明白事理、热爱学习，但采取的方法不同，结果也就有所不同。有的孩子很少得到父母的肯定，那么他的自信心很可能会逐渐萎缩；有的孩子受到了父母过分的呵护，结果总是生活在大人的庇护之下，能力得不到有效的发展。这种过分的照顾，使孩子从小就得不到必要的锻炼，往往变得既保守又软弱。

孩子的性格不同，对他们采取的教育方式也应该有所不同。父母不应该只听别人怎么说，而应该对自己的孩子有充分的了解，以便进行恰当的教育。有些父母对孩子的了解有偏差，就会造成孩子不能默契地领会父母的教导。这样会产生很多不必要的矛盾。尤其是在孩子犯了错误的时候，应该怎样教育孩子，这也是父母们时常遇到的难题。合理地运用各种教育方法，及时纠正孩子的错误固然重要，但如果对孩子没有一个正确的认识，不了解他们的内心世界，那么这种教育也就无从谈起。

许多自以为了解孩子的父母并不是真正地了解他们，因为这些父母不肯在这方面多花时间和精力，只是想当然地去判断孩子的行为。他们宁愿花时间去向朋友诉苦，控诉孩子不听话、不诚实，却不愿耐心地和孩子谈一谈。我认为这样的父母是没有责任心的人，他们的做法是很不明智的。

维妮弗里德 4 岁时，有一段时间非常顽皮。她似乎每天都故意把房间里的各种东西扔到地上，而且动不动就发脾气。有一天，我见她又开始“犯病”了，就走过去问她：“维妮弗里德，你在干什么？为什么老是把房间弄得这么乱？”

女儿听了我的话，并没有马上停下来，反而当着我的面把桌上的一本书扫到了地上。

“你这是干什么？快捡起来。”我指着地上的书说。

“偏不捡。”

“你怎么这么不听话？”

“我就是不听话。”

我听女儿这样说，当时没有再多说什么，扭头就走了。我走后，维妮弗里德更加肆无忌惮，我听见她在房间里尖叫，还不时乱扔东西。房间里传来东西落地的“砰砰”声。

我极力按捺住自己的愤怒，告诉自己不要发火。过了一会儿，维妮弗里德的吵闹声渐渐停了下来，随之而来的是女儿伤心的哭泣。

这时，我再次走进女儿的房间，温柔地对她说：“怎么啦，维妮弗里德，有什么不高兴的事吗？”

女儿没有回答，只顾伤心地哭着。看到她那伤心的样子，我忍不住心生怜爱，把她从地上抱了起来。

“我一直认为你是个乖孩子，所以你乱扔东西时我没有骂你，我想你一定遇到了什么不顺心的事，告诉妈妈好吗？也许我还能帮你呢。”

听了我这些话，维妮弗里德的心情似乎好了不少，但仍然在哭泣。

“好了，别哭了。有什么事不能解决呢？你一直是个聪明的孩子，再加上妈妈帮你，我想什么问题都能解决。”

女儿突然扑到我的怀里，放声大哭起来。边哭边说：“妈妈，我觉得自己好孤独啊！”

“怎么会呢？妈妈不是天天和你在一起吗？”

“可是，你总不答理我，整天就知道在书房里写字，你一点不在乎我……”

原来如此。由于那段时间我工作比较忙，有很多稿子要写，所以没有像平时那样陪她。没想到竟然会让她感到那么痛苦。我当时突然意识到孩子的心是那么的敏感，内心世界是那么的复杂。这是我以前从来没有想到过的。于是，我对女儿讲了我的工作是做什么，为什么工作，并让她理解我。

“维妮弗里德，你可不要那么想。妈妈最在乎、最爱的就是你。等妈妈忙完这一段，一定要好好陪你玩，不过，你也要理解妈妈呀！我相信你是一个懂事的孩子，妈妈必须要工作，你一定会理解妈妈的。对吗？”

我让女儿知道我仍然爱她之后，她就再也没有故意捣乱过了。有时候，我在工作间隙去她的房间看一看。她会对我说：“妈妈，你去忙你的吧。没关系，我自己知道怎么玩。”

3.别敷衍孩子对父母的关心

很多父母在与孩子交谈时，当孩子问“你生气了吗”或“你不高兴啦”时，父母就会板着脸说“没有”。当孩子关切地问“妈妈，您怎么啦”时，有的母亲会很不耐烦地说：“不关你的事。”表情和语气都表明父母是在生气。孩子是敏感的，他们很快就能分辨出大人在说话时所要传达的真正意思。但是，父母们似乎并不敏感，意识不到自己在和孩子说话时语气的变化。

孩子应该受到尊重，大人应该与他们交流，这是很多人的共识。但事实上，很少有人能够做到与孩子真正地交流，因为他们不能用平等的态度来对待孩子。父母们总是用教训的口气、哄的口气、引诱的口气和孩子说话。这样怎么能与孩子平等地交谈呢？即使孩子表示愿意合作，也不是发自内心的。这种方式，不可能使孩子完全信任父母，也不可能让孩子说出自己的心里话。

我认为，父母只有从内心去改变自己，以平等的、对待朋友的方式对待孩子，才能顺利地与孩子进行思想交流。父母总是想利用一切机会向孩子灌输道理，而这种硬灌的道理根本不可能被孩子接受。不仅如此，这种生硬的方式还会引起孩子的厌恶和反感，父母们总是盼望孩子凡事听自己的，对孩子提出种种要求，却不告诉孩子为什么要这样。这不仅不能让孩子服从，还会使他们产生反叛情绪，抵制父母的要求。

和孩子交谈应该注意采用合理的方式。从某种意义上来说，好的交流也是一门艺术。要想做到这一点，就必须理解与尊重孩子的想法和认识。

维妮弗里德 6 岁生日时，我打算为她办一个生日晚会。

在发请柬的时候，我和女儿发生了一次小小的争执。

“你知道伊莎贝尔的地址吗？”我问女儿。

“我不想请她参加。”女儿说。

“为什么？她是你最好的朋友啊！”

“不，她不是。”

“你怎么能这样说呢？这可不大好。”

“我不管，我就是不请她。”女儿不耐烦地说。

见女儿这种态度，我有点生气地说：“如果你不高兴，就别搞生日晚会了。”

“不搞就不搞。”说完，女儿跑进了自己的房间。

伊莎贝尔是女儿最好的朋友，女儿这个态度后面一定有原因。我说话的语气很不妥，一定是惹恼了女儿。

过了一会儿，我等自己的情绪平静下来之后，就走进了女儿的房间。

“怎么，你们吵架了？”

“嗯，她总是乱动我的东西，上次来的时候还把我的小提琴弦弄断了。”

“她那样做让你不高兴，是吗？”

“是的，我和她讲过很多次了，可她还是老样子，我很不喜欢她这样。她每次来都要去弄小提琴，真讨厌。”

“那么，能不能想个办法不让她动你的小提琴？”

“我可以把琴盒锁起来放到你的卧室去，那样就谁也动不了了。”

“这是个好主意，要是这样，还请不请伊莎贝尔？”

“我想可以请。”

由于我改变了说话的口气，和女儿说话时把她当朋友，使她敞开了自己的心扉，说出了心中的不快，并让她自己找到了解决问题的办法，挽回了差点被取消的生日晚会。因此，要想让孩子完全说出自己的想法和感受，父母一定要首先以真诚和理解的态度去对待她。只有这样，父母才能真正地了解孩子，并向他们提供及时的帮助。

4.不要在孩子最快乐的时候打击他们

在培养女儿的过程中，我深切地体会到，只要我愿意花时间与女儿交流，她就会感受到亲情的满足，并愿意向我说她自己的事。有了女儿的真诚和坦白，我就很容易真正地了解她。女儿之所以能够让我完全了解她，是因为她知道我是最爱她的人。我们都知道，谁也不愿意让陌生人或不相干的人了解自己，谁也不会向无关紧要的人袒露心声。

很多母亲总是忙于家务，而不能陪孩子玩或与孩子交谈。父亲们则更多的是忙于工作，很难安下心来与孩子交流，那些事业有成的人更是如此。他们总能找出很多不和孩子在一起的理由。

有一天，米尔斯丽特太太向我讲述了她和儿子的一件事。

“那天夜里，我因为有事很晚才回家。我一进门，儿子卡夫特的笑脸就迎了上来。他兴奋地告诉我：‘妈妈，我写的一篇关于小动物生活习性的文章在报纸上登出来啦！’

“这时，我发现儿子把喂猫碗打翻了，食物撒了一地。我当时特别疲倦，一见这个情景，顿时就火了。

“‘知道了。’我瞪了儿子一眼，‘还说什么小动物的生活习性，猫的碗都被你打翻了……你总时这么不稳重……你看看你的房间，像个狗窝似的。我跟你说了多少次了……’

“儿子的笑容顿时不见了，兴味索然地去收拾那只打翻的碗，并垂头丧气地开始整理房间。

“我见儿子大失所望的样子，才意识到自己刚才太冷漠了，可一时又拉不下脸来道歉。到现在他还不大理我。”

在米尔斯丽特太太看来，她的做法和那些话并没有什么错，这也是事实。但她不知道这样的态度会使孩子多么沮丧。卡夫特本来很高兴地想和母亲说说话，或者向母亲讲讲文章的内容，或者想发表一下自己的见解，或者想让母亲来分享他的快乐，但母亲的态度就像当头泼了一桶冷水，他火一样的热情眨眼间就被浇灭了。

米尔斯丽特太太说儿子从那以后就不大理她，这也是很自然的事。孩子会想：我有那么高兴的事，你却这样对待我，那平时就更不想和我说话了。这样一来，卡夫特的心里就有了母亲不愿和他交流的印象，他当然也就不会再去自讨没趣了。

前面说过，父母要想教育好孩子，就必须真正地了解孩子。那么父母与孩子进行无碍的交流，让孩子了解父母对他的爱就成了最重要的前提。孩子需要得到爱的保证，他们需要明确地知道父母爱他们。这样，他们才可能完全向父母敞开心扉。

有时候，孩子会毫无来由地纠缠大人，既没有什么话要说，也没有什么事要做。但他会满怀期望地看着正在忙碌的妈妈，非常认真地问："妈妈，你爱我吗？"有些母亲可能会对他的问题感到奇怪，只是敷衍似的说一声："我爱你，到别处玩去吧。"这时，孩子可能会想："你要是真爱我，为什么要让我走开呢？"

我们都知道，父母不可能每时每刻都和孩子在一起，孩子也并不需要这样。他们可以自己做自己喜欢的事情，并不需要父母一天到晚陪着。但是，他们时刻关心着一件事，那就是父母现在想到我没有，是不是真的是像他们说的那样爱我。父母应该给孩子爱，但是又有很多事要做，这确实是个不好处理的问题。

在维妮弗里德小的时候，她和我说的话我总是非常注意倾听。无论她说的是学习上的事还是玩耍方面的事，我都认真地去听，只要是她乐意表达的东西，我都会鼓励她说下去，并且像对待大人一样对待她，从不敷衍她的问题和所说的事。

女儿的表达欲望特别强，喜欢向我和她父亲讲述自己的事。她常常向我们讲她一天的生活，讲她在这一天里有什么感受，她学到了什么，发现了什么。这样，女儿的表达能力发展得特别快，语言能力比同龄的孩子要强得多。而我和丈夫呢，不仅通过这种交谈对女儿有了更深的了解，同时也享受到了天伦之乐。

晚饭后的散步是我们一家最快乐的时光。我和丈夫牵着女儿的小手走在静谧的林荫道上，尽情地享受黄昏的美景和女儿给我们带来的欢乐。丈夫有时会问问女儿的学习情况，看看她究竟学到了多少知识。这时，女儿就会兴奋地向父亲讲述她每一天的进步，讲她在学知识的过程中感受到的快乐。

遇到节假日，我们会带女儿去郊游，让她在大自然中感受世界的美好。女儿在大自然中开阔了眼界，野外的新鲜空气使她精神焕发，话也比平时多了，表达得也更流畅，更准确。

有一天，维妮弗里德指着一只飞向远方的小鸟对我说："妈妈，假如有一天我像那只小鸟一样飞向很远的地方，你还爱我吗？"

"当然，妈妈本来就希望你有一天能像鸟儿那样自由飞翔。"

"为什么？"

"因为妈妈最爱你，也最了解你。"

我一生中最感欣慰的事（后记）

维妮弗里德今年14岁，是“美国少年和平同盟会”的会长。今天她还告诉我，他们不久还要组建“匹兹堡少年平等参政同盟会”。这时，我的身边放着两本书:《我在动物园里的朋友》和《我与动物园的朋友聊天》，它们是女儿5岁时的作品。每当我回忆起女儿幼年时的样子，心中总是涌起一阵阵激动的浪潮。女儿有一个幸福的童年，我不仅为她的成就感到高兴，也为她的健康成长感到高兴。同时，我也为自己成功地培养了女儿感到欣慰。

斯特娜

1916年7月·纽约